被遺忘的國境 太平島

從日出到日落，從東沙到南沙，
海巡分隊長侯建安帶你一窺
國際紛爭中，被臺灣人遺忘的美麗淨土

海巡署第五巡防隊分隊長**侯建安**◎著　　連秋香◎採訪撰文

CONTENTS

第2章 東沙島

紛爭海域的掌上明珠

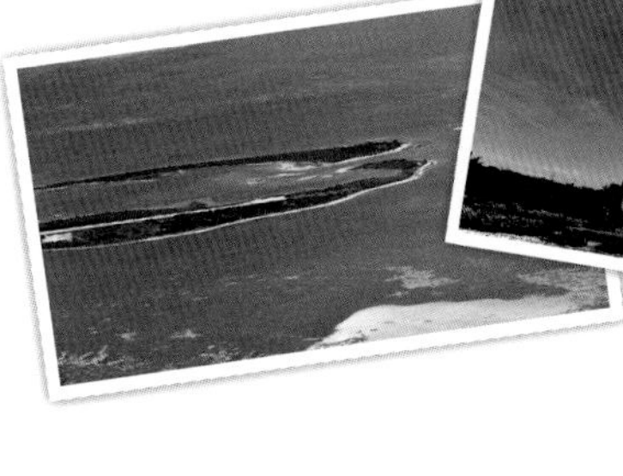

推薦序一

透過他的鏡頭，我看見到不了的國境之美

荒野保護協會第三屆、第四屆理事長；生物學作家／李偉文

不管是太平島（南沙）或東沙群島，對臺灣民眾都是既近又遠的地方，說熟悉，是每個臺灣人幾乎都聽過，至少在課本上讀過；說遙遠或陌生，因為真的到過這兩個地方的人，又寥寥無幾。

這幾年南海諸島屢屢引起國際關注，因為這裡是南海各國互相掠奪角力的戰場，一方面是因為這個區域的海底蘊藏豐富的石油，再加上這個地區是航海的交通要道，是從太平洋進入南太平洋與印度洋的咽喉地帶。

就在這個國際紛爭尚未平息的現在，海巡署第五巡防隊分隊長侯建安所寫、所拍攝的書，是恰逢其時，他讓我們得以一窺，這個既然熟悉又陌生的海上天堂。

說是天堂應該沒有錯，因為看作者拍的相片，真的會讚嘆這兩個地方，一點也不亞於全世界著名的那些觀光聖地、度假天堂。他能拍出那麼多令人驚豔的美景，我想除了攝影技巧之外，最主要的是來自於長期的觀察與守候，畢竟除了駐紮在當地的軍警人員，誰能夠看盡

各種天候的變化？

也幸好他有攝影的興趣，否則在一個面積才一平方公里左右的小島上，一待就半年，恐怕也是非常難熬的。我擔任行政院國家永續發展委員會委員時，曾經去過東沙環礁，為了評估是否要設立海洋國家公園，短短一個白天的參訪行程，就讓我對那個地方的美麗留下深刻的印象。不過，如今再細看作者所拍的作品，才能真正看到令人屏息的美麗。

我也希望大家藉由本書，重新看見我們周遭的海洋，因為看不到海，就不可能建立屬於海洋民族的文化與性格。

臺灣的確是個島，海洋文化所代表的寬容壯闊、勇於冒險，為我們帶來恢弘的胸襟與視野，而這種精神，的確是值得追求或塑造的文化意象。很可惜的是，多數人雖然親近海、喜歡海，卻不了解海洋文化，而臺灣的海洋文化，最後卻變成「海鮮文化」！

當我們看海而不了解海時，就很難成為強盛的海洋民族，只可能形成島國心態，島國心態與海洋民族剛好是個對立面，海洋民族象徵了勇於冒險、視野寬闊以及天真浪漫，至於島國心態則是胸襟狹窄、眼光淺短，且不斷內鬥、內耗，當我們的視野被高高的堤防、防坡堤給擋住，無法眺望海洋時，就只能朝內看，因為島的資源有限，當然只能內鬥、爭搶那小小的餅，無法理解外面的世界是何等的廣大。

想要塑造我們的海洋文化，或許就從這本書看見我們的海開始。

推薦序二

我們的未來，來自我們的海洋

中央研究院生物多樣性研究中心研究員／陳昭倫

「分隊長出攝影寫真書了耶！」在點開電子郵件中附檔初稿時，我難掩飾心中的雀躍。

我深信，人生的際遇與相遇是將許多必然與偶然，放入時光果汁機中攪拌之後的結果，就像建安分隊長在書中自述個人的成長、選擇警職的糾葛，以及因為跟隨心中愛自然的底蘊，拾起相機、開始在南沙與東沙兩座國境之南的島嶼間，記錄生物多樣性與自然生態之美，這是兩千三百萬臺灣人少有的福份！

而我與侯分隊長結緣，也是在一次掃蕩外籍漁船入侵東沙環礁公園、盜採珊瑚的意外行動，在那年浩浩蕩蕩的海洋震撼保育行動中，我與建安分隊長的海巡東沙小隊一起，吹響保護這國境極南的海洋國土之號角。

這一場英雄式的戰役，在小隊辦公室中，被建安分隊長以爽朗的笑聲、黝黑精實略帶誇張的肢體表演，變成了一場精采的脫口秀，直到同仁拿出幾張東沙機場跑道、劃破天際的星辰夜照、小丑魚溫存於海葵溫柔鄉的照片，我才從照片中，看到建安分隊長柔情細膩的一面，特別是對於自然之愛。

而這本《被遺忘的國境，太平島》就是要帶領讀者隨著這份愛，跟著建安一起去旅行，透過穿越時空、透過歷史、透過他的鏡頭，縱使現在大部分的臺灣人都無法親臨，也能一起領略南海之美。期待有那麼一天開放觀光旅遊，能拿著建安分隊長的這本書，踏訪南沙太平島和東沙環礁，盡情探索這兩座熱情的島嶼和湛藍的海洋。

提個題外話，接到出版社邀約寫序的那天，剛好是完成在南沙太平島上，為期十四天的珊瑚礁生態與水產生物資源調查，剛回到臺灣，腦海中還停留在超過兩百七十種珊瑚包圍太平島珊瑚礁的震撼，與建安分隊長這本書出版時機，意外的產生連結。

同時，我在民國一〇六年六月八日「世界海洋日」完成這本書的推薦序，今年海洋日的主軸是「我們的海洋，我們的未來」，此書的出版也必定是上天巧妙的安排，將太平島作為臺灣海洋國土的國境極南的美呈現給讀者。我相信，這本書必然是獻給我們的生命之母——海洋最佳的禮物。

（本文作者為中央研究院生物多樣性研究中心研究員、國立臺灣大學海洋研究所教授，國際珊瑚礁監測網、珊瑚礁五十等國際計畫委員。專長海洋生態、海洋變遷與保育等領域。近年來致力於海洋保育的推動，期待有那麼一天，東沙環礁與南沙太平島能成為臺灣的大堡礁，讓所有的臺灣人帶著《被遺忘的國境，太平島》，悠遊在繽紛的熱帶海洋裡。）

寫手序
透過他的攝影之眼，發現東南沙的美好

連秋香

初次和海岸巡防署第五分隊隊長侯建安碰面，他健康膚色的臉龐露出一抹陽光燦笑，散發著海洋氣息……我心裡OS：賓果！和原先想像的海上健兒模樣差不多！隨著訪談進行，侯分隊長用一張張照片，訴說著令他傾心難忘的東沙島與南沙太平島風情，作為第一個聆聽、觀賞者，覺得自己超級有福氣！

多數人可能覺得派駐離島的日子單調又無聊，但侯分隊長說：「日子枯燥或者精彩，是由自己選擇、創造的。」就像攝影，你得思考如何為一張照片構圖、布局，才能展現它最動人的姿態。

侯分隊長曾在書法、繪畫等藝術領域有過出色表現，長大後因為家人的期許，以及因緣聚合，投入了陽剛味十足的海岸巡防工作。儘管如此，他在繁忙的勤務之餘，總是揹著相機、捕捉一般人無法輕易前往的國土風光。

幾次被派駐東沙島與南沙太平島執行海巡勤務後，侯建安漸漸與這兩座海島有了深厚情感。除了自然純淨的海島風光，趣味十足的海島生物寫真，當然不能錯過另一海洋珍寶——絢爛奪目的珊瑚奇景。比如，東沙島外環礁的西南水域有桌形軸孔珊瑚及鹿角珊瑚，東南環礁外的水域則是軟珊瑚及軸孔珊瑚夾雜，宛如一座五彩繽紛的海底花園。太平島周邊海域的珊瑚生長密度很高，侯分隊長曾在最大退潮的傍晚時分來到東南岸，拍下他心目中的新世界第八大奇景——珊瑚外露奇觀。

珊瑚不僅提供魚群棲息之地，也是孕育小魚的場所，在海洋生態平衡上扮演著重要角色。但令人擔憂的是，近年來東沙島的珊瑚面臨嚴重白化與死亡的問題，南沙太平島西北岸的靈芝珊瑚，也有大片變黑脆化等危機出現，在觀賞、述說著一張張珊瑚奇景的同時，侯分隊長言語中的擔心不難聞見。

海巡隊員除了例行勤務之外，他們也是值得尊敬、守護東沙島及南沙太平島海龜的大使。在派駐東沙島期間，侯分隊長與同事曾經從漂流的漁網中，拯救一隻缺了左後肢的小海龜；在太平島上，也曾發現一隻綠蠵龜癱趴在沙灘上，牠可能是漲潮時越過消波塊游上岸產卵，待退潮卻被消波塊阻斷重回大海的路⋯⋯。

一海島，一天堂。透過侯建安的攝影之眼，我們才有機會發現臺灣離島的美好。為了讓地球環境能夠長居久安，期盼大家都能懂得尊重、齊心齊念維護萬物的生命。

前言
一窺在紛爭中，被遺忘的美麗淨土

隨著「是島還是礁的議題」浮上國際舞臺，東南沙地區（太平島、東沙群島）似乎不再只是海巡的話題，也不再只是纏繞在輪駐東南沙官兵身上的枷鎖；這紛擾喚醒了國人的國土意識，也激發國人對遠疆島嶼的探索熱情。

說到底原是件天大的好事，但背地裡又被有心之人穿鑿附會、搬弄扭曲，這好事反成了政黨間惡鬥的犧牲品、政論節目的發燒品，實屬可惜。

我曾經前後在太平島及東沙島上各駐守過六個月，身為海巡工作者，我親眼所見的東南沙，並沒有如此紛擾的氛圍，反而多了幾分遺世獨立的祥和。在不妨害國家安全及軍事機密的範疇下，我很希望能讓更多人了解，在臺灣還有如此夢幻的淨土。

我之所以有幸能一窺這個臺灣最後的祕境——東南沙地區，是因為工作的緣故。

民國八十九年，「東南沙」這個陌生卻又潛藏於內心的名詞，倏忽的從學生時期的地理課本裡，進入我的職業生涯中。由於海巡署於民國八十九年二月正式接管東南沙，而我身為海巡分隊長，因工作地緣關係，被指派輪駐駐地主管的行列。

其實，從事海巡工作後因任務需求，短暫的拋家棄子早已司空見慣了，「民國八十七年金門支援特種警衛勤務」、「民國九十一年協助搜尋澎湖華航空難」、「民國九十二年支援小金門春節小三通客船安全維護」、「民國九十四年花蓮搜尋瑞太八號砂石船失蹤案」，以及至臺中港、淡水漁人碼頭支援演習，或至各縣市參加無數次職能訓練等，可說是族繁不及備載；然而，以上所到之處皆是耳熟能詳再熟悉不過的地方了，唯獨東沙南沙地區，可是一個完完全全的新大陸，陌生到讓我不寒而慄。

大家口耳相傳的太平島：好暈、好熱、好難吃……

那年接獲指示輪駐東、南沙事宜，記得當時全隊同仁陷入一片愁雲慘霧之中，我跟大多數同事一樣，在驚恐下完成抽籤輪駐的順序，並幸運抽中尾號。看著每梯次完成駐守任務返隊的同仁，個個黝黑如木炭，偶有抱怨如南沙太熱、伙食太差、島上生活無趣，或有

▲ 熱帶島嶼的炎熱氣候，讓人不晒成木炭都難。

告誡如航程海象惡劣、所乘運補船上環境及空間不甚理想，清一色是負面評價；但也有同仁在出發前往太平島、登上運補船前，**與妻小相擁而泣，事後卻又一再自願申請續留**，這完全兩極的評價到底是怎一回事，我都被搞糊塗了。

民國一〇二年，終於輪到我進駐太平島，那時忙著打點行李，身旁嗅出端倪的親友，無不露出關愛及憐憫的眼神，同時卻又不停打探太平島的細節概況，以滿足好奇心。這時我就算是被問到心頭發麻，仍要故作鎮定的安撫這些親友的情緒，並肩負起解說員之責，

▲ 太平島上被晨光染色的金砂。

▲ 太平島西北邊為防止海砂流失，放置了一整排的消波塊，在日落餘暉映襯下，連煞風景的「肉粽」也成了浪漫風景。

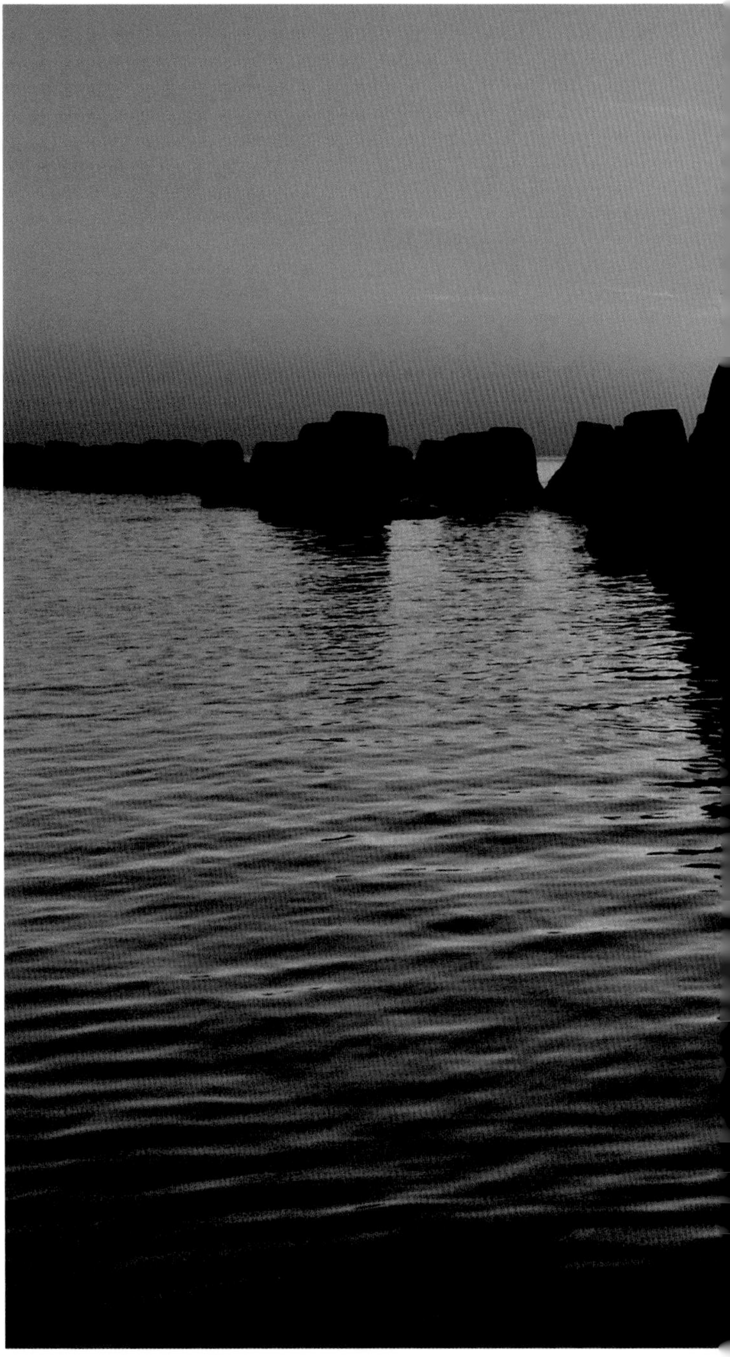

來介紹太平島概況。特別是為了應付住在嘉義、對臺灣的海域及島嶼較無概念的老媽，我總以：「南沙太平島在菲律賓的西方」來解釋及搪塞，她才肯善罷干休。但老實說，需被安撫的應該是我吧，還沒上島前，太平島對我而言就像個撲朔迷離的惡魔島。

▲ 登太平島的第一分鐘，我就愛上這絕美的熱帶天堂了。

島上無雜質生活，我拍出別人沒看見的太平島

終於在民國一〇二年三月，第一次正式踏上南沙太平島，猶記當時懷著如史詩般遠赴沙場的精神，幻想著登上月球、踏出人類第一步的心情，勇敢的在島上邁出一大步後，那份悸動遲遲無法停歇。接續又在民國一〇四年九月及民國一〇五年四月，第二次輪駐太平島及第一次輪駐東沙島，我前後在東南沙地區待了整整一年的時光。

的確，同事對東南沙負面的評價並非憑空捏造，但與島上絕世美景相較之下，就如同鴻毛般不值得一提了。

待在與世隔絕的海島上，生活步調也隨之清幽了許多，除了每日例行海上

▲ 當夜幕低垂、夜深人靜之時，望著滿天星斗，真是令人倍思親呀。

巡邏任務及保養訓練勤務，勤餘時多數是在夕陽餘暉下，繞著機場跑道跑步健身，或是輕鬆愜意的逐浪踏砂，要是能敞開心胸接受這眼前的一切，化危機為轉機，幻想到了海島天堂打工度假，島上戍守就不再苦悶難熬，但又有多少人能釋懷？

多等待、勤捕捉，用心觀察——太平島教我的事

每當在太平島，看著衛星電視播著臺灣本島發生的新聞，就如同看著國際新聞般那樣遙遠，在當下我們只須戍守這不到一平方公里的小島，並捍衛這周遭海域，國際間看似如箭在弦上、一觸即發的劍拔弩張情勢，但互不挑釁、不

▲ 有些人會戲稱駐島任務像在坐水牢，對我來說反而像打工度假，每天規律的上下班、跑步健身，是難得可以專心鍛鍊的時光。

逾越雷池一步，倒也相安無事；因此在勤餘時，也才得以忙裡偷閒、卸下武裝，背上相機來記錄島上的風光，若非這美景相伴，這思鄉之愁又能道給誰聽？

因為海上專業的學習領域，以及海巡人員的工作特性，讓我有機會走遍臺灣沿海各大小離島，藉此一睹平常人所不能見識到的離島風貌，也有幸透過相機，將東南沙島上每日之景色變幻化為永恆；論攝影我絕非翹楚、也絕非專家，說穿了只是多點時間等待，少點時間睡眠，勤於捕捉美景，用心於觀察景物變化而已。

最後，我希望藉由這本《被遺忘的國境，太平島》，讓更多人了解這塊臺灣最後的祕境，是多麼美麗又饒富韻味，並透過攝影鏡頭來呈現它們平凡雋永之美、揭開這不為人知的神祕境地。同時，也藉由相片真實記錄，海洋生態正面臨環境汙染及氣候變遷之嚴竣現況，期許喚起國人之海洋保育意識，一起為維護這片瑰麗的海底世界盡一份心力。

▲ 拜海巡人員的工作特性所賜，才能在勤餘揹上相機，記錄一般人到不了的國境之美與純淨，也能藉此調適執勤時的緊張氣氛。

▲ 攝於太平島上。中秋夜受杜鵑颱風環流影響，才得以拍出島西北中秋明月與火燒雲的疊圖，感謝杜鵑送我的大禮。

第一章／被遺忘的國境
太平島（南沙）

民國 102 年第一次駐守太平島時，看到同樣第一次登島的同事，下了勤務即像隻石獅、坐在駐地外的石凳上望天長嘆，當下便集合同事召開小型的關懷輔導會。當時我以國外旅遊為例開導他，即使花上萬元飛一趟度假勝地，也不見得有如此美景，現在可以免費享受，何樂不為？

幾天後，或許我的話奏效了，同事不再演石獅了，他開始在勤餘晒青草葉及芭蕉等農務，讓我意外發現自己也頗有成為「上師」的資質。

1. 第一次接到進駐通知，我連不堪入目的檔案都刪了

生命中有些日子特別難忘，就好比民國一〇二年三月七日這天——是我生平第一次踏上南沙太平島、執行外島巡防勤務的日子。那年二月，原本和同仁隨著一〇〇二六巡防艇支援臺中海巡隊勤務，月底卻突然接獲指示，確定於三月初進駐南沙太平島。

當時內心實在忐忑：「太平島究竟是個怎樣的地方？那裡的情勢緊張嗎？航程中海象會不會很惡劣？勤務要如何執行？海域狀況又如何？這趟出勤能否安然返家？」許多莫名的疑問和不安，排山倒海似的湧上心頭。

出發前，我還特地把家裡大小事都安排妥當，家中私人物品也歸了定位，電腦中不堪入目的檔案也都刪了……。

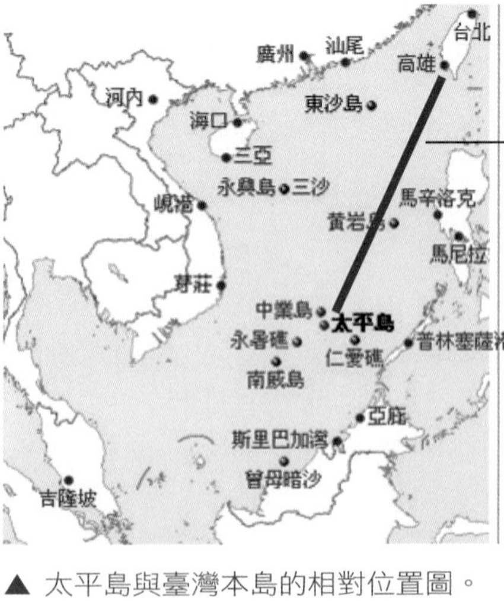

高雄與太平島的距離約1,600公里。

▲ 太平島與臺灣本島的相對位置圖。
＊圖片來源：維基百科。

當時內心的五味雜陳從未與外人提起，唯一感到慶幸的是，太平島那時已有中華電信

2G行動電話通訊，我還特別跑去門市辦了預付卡，準備上島後使用。

航程三天，三十度晃動，粉紫夕彩伴我行

相信絕大多數人和我一樣，對於太平島一知半解，可能將它比擬成小琉球或綠島，以為只需歷經數小時航程就能抵達的離島之一吧。確實，要不是因公被派駐至太平島，或許在我有生之年，「太平島」這三個字，只會停留在教科書中。

民國一〇二年三月四日午後，我提著沉重的行李，來到高

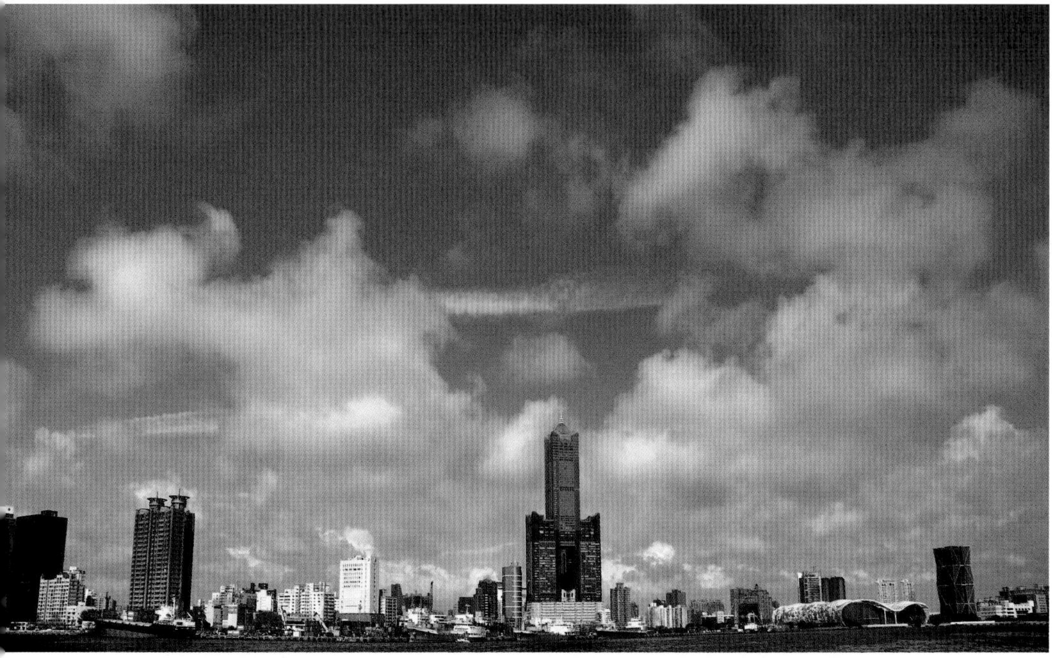

▲ 望著高雄的地標 85 大樓形影逐漸隱沒，我正式與熟悉的高雄港道別，啟程前往太平島。

雄港淺水碼頭的偉星艦上，隨著引擎轉動、纜繩脫解，遠方高雄85大樓形影逐漸隱沒，正式與熟悉的高雄港道別，啟程前往太平島，就此展開音訊全無的三天航程。下次再開啟手機時，人已經在島上了。

這趟航程在通過巴士海峽時，船身搖晃程度達三十度左右，讓人有些不好受；所幸在通過巴士海峽後，風浪逐漸平緩，伴隨天空粉紫的夕彩，稍稍撫平我思鄉的愁緒。

▲ 航行通過巴士海峽時，船體呈 30 度左右搖晃，令人不禁思念起陸地。

▲ 好在有粉紫色的夕霞結伴同行，稍能轉移航程的不適。

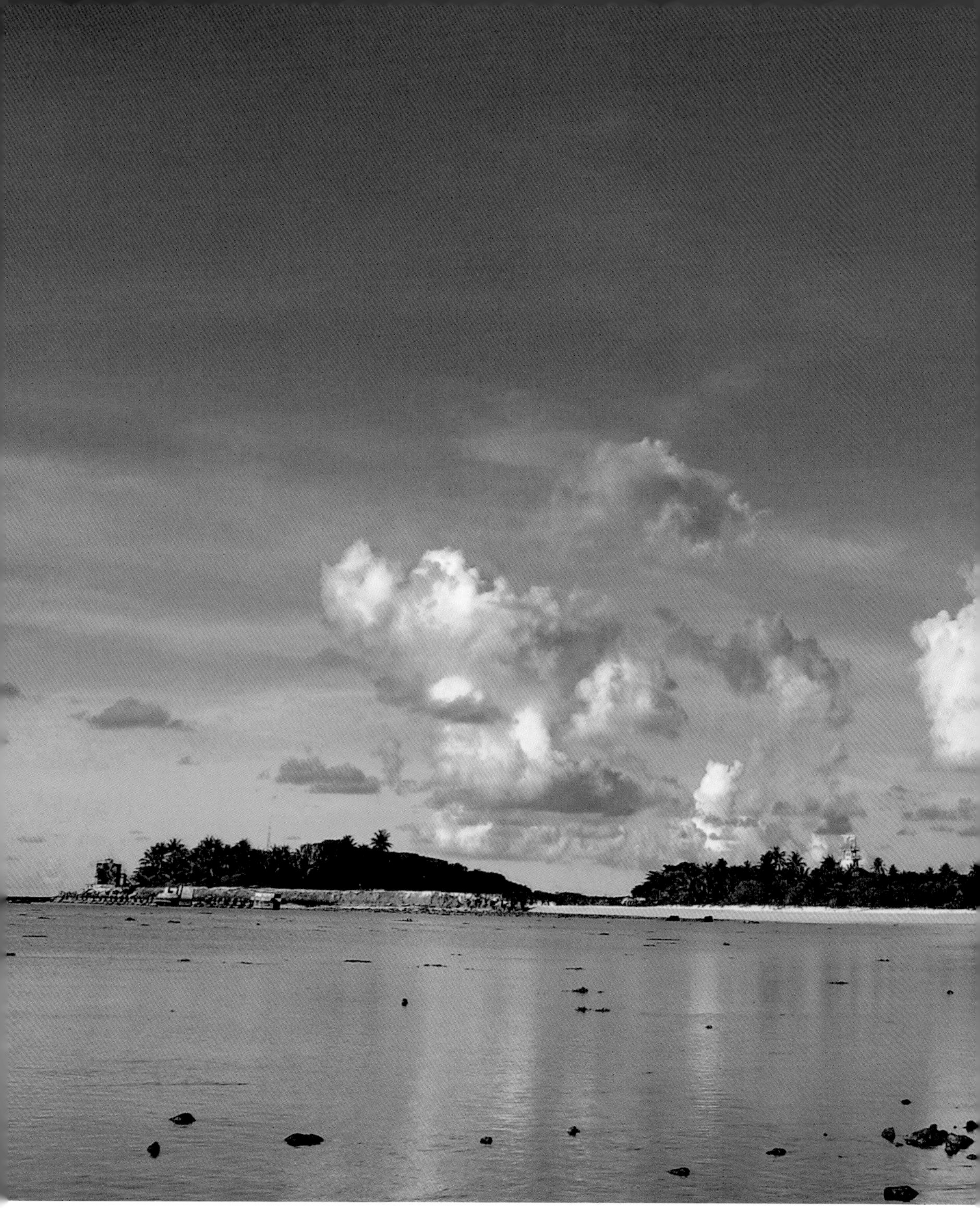

▲ 歷經三天的航程，終於見到太平島，難掩久未看見陸地的興奮，我在行經太平島西部時，匆匆拍下它的身影。

▲ 歷經三天如海盜船般的航程，太平島終於出現在眼前，這裡屬於高雄市旗津管轄。

太平島（南沙）解謎

位居南海南沙群島北部中央鄭和群礁西北角，位在南海西側航道的東邊，面積 0.51 平方公里，是南沙群島中最大的天然島嶼。**目前由中華民國高雄市旗津區中興里實際控制與管轄**，與高雄港相距約 1,600 公里。

▲ 太平島地標紀念碑。

▲ 偉星艦泊於太平島南方。

▲ 從海上拍攝太平島島東部分。

貪生怕死莫登此島，親愛精誠同島一命

民國一〇二年三月七日上午，我終於抵達太平島島南海域，當時已有駐島同事開船等待接駁人員及物資上島。那天一行人轉乘多功能艇一〇〇三艇上島，看見駐島同仁一身黝黑皮膚、眉開眼笑的嘶喊問候，那一幕畫面至今仍深深烙印在我心頭——因為同樣在島上關了一、兩個月後的某一天，突然見到來自臺灣本島的同事，我們竟和當時駐島的同仁一樣，激動的又喊又叫，那時我才終於體會他們見到故人的心情。

▲ 由於太平島附近水深不足，故轉乘多功能艇上島。

▲ 海軍陸戰隊時期所建西南碼頭上的歡迎標語，現已拆除。

　　抵達太平島，首先映入眼簾的是海軍陸戰隊時期所建、西南碼頭上的歡迎標語「歡迎蒞臨南沙太平島」，但最引人注目的應是碼頭上刻著「貪生怕死莫登此島」的立碑，這是當年指揮官李景琪為激勵島上官兵的士氣所建。

　　只可惜，民國一〇四年九月我再次上島時，「歡迎標語」及「霸氣立

▲ 太平島碼頭的立碑寫著：「貪生怕死莫登此島，親愛精誠同島一命。」

碑」都已拆除，碼頭的樣貌也全部改變了。

▲ 當時登島時受到駐防同事熱情的問候，後來才能體會他們欣喜欲狂的心情。

▲ 當年指揮官李景琪於碼頭建造的霸氣立碑，已於民國102 年拆除。

一分鐘就愛上的迷人島嶼

上島的第一天，很幸運碰上豔陽高照的好天氣，伴隨著徐徐吹送的北風，既清爽又愜意。我在上島的第一分鐘，就愛上這絕美的熱帶天堂了！這沙灘、這藍天、這碧海，看到眼前得天獨厚的天然美景，讓我一掃登島之前的恐懼與不安，完全被這如畫的景致吸引。

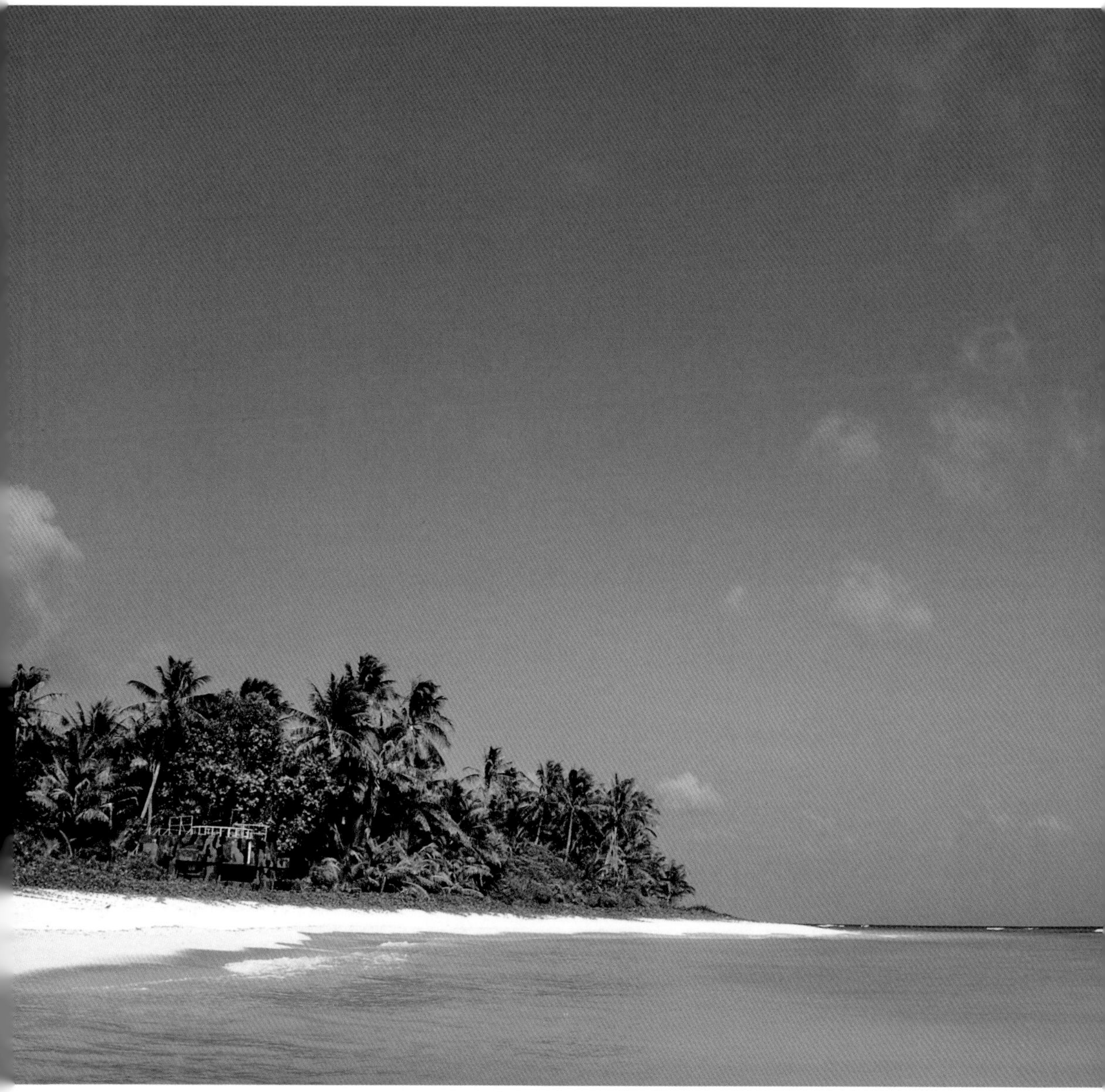

▲ 這得天獨厚的天然美景，讓我在上島的第一分鐘就愛上這裡！

▲ 島上宛若度假勝地的風景，就算花大錢飛出國也不見得享受得到。

太平島一年四季皆夏天，雨量豐沛，擁有豐富的原生林植被，除了機場跑道外，幾乎到處枝葉婆娑、綠意盎然，樹種多為高大闊葉林木，有大葉欖仁、海檸檬、瓊崖海棠，以及國寶樹棋盤腳，其中又以觀音堂的棋盤腳最為高大且有名氣，樹齡已超過一百年！不過，由於常年高溫潮濕的天候，樹林草叢間的小黑蚊特多，若不加以防範，小腿肚很容易被叮成「紅豆冰」。

▲ 島上也經常可以看到棋盤腳花，這種植物非常特別，會於日落開花、日出花謝。

▲ 太平島位處熱帶，島上經常可見高大闊葉枝林木，圖為島上常見的瓊崖海棠樹。

▲ 因豐富的天然資源，島上經常可見鳥類的蹤跡，圖為翠鳥。

▲ 白鷺亦為太平島的常客，有些還會就此定居、成為島民。

太平島（南沙）解謎

太平島屬熱帶海洋性氣候，地處低緯度、四季皆夏，年均溫在攝氏 27 度至 28 度間，5 月最熱可達攝氏 35 度，**1 月最冷，但也有攝氏 26 度**。降雨頗豐，6 月至 12 月為雨季，年雨量約 1,500 毫米至 3,000 毫米。

季風盛行，夏季吹西南風，冬季為東北風，風向在 5 月和 10 月轉換。颱風常發源於南沙群島北部，且多朝北方移動，所以**太平島不常受到颱風侵襲**，但會受到颱風外圍環流影響。由於降雨、蒸發及浪花飛濺，太平島的相對濕度全年在 80% 以上，夏天氣溫經常飆升超過攝氏 30 度。

▲ 地處熱帶，天氣炎熱，植被豐富。

此外，島上的天氣更是變化莫測。**用「善變」來形容南海雲朵，是最恰當不過了。**

常常午後突來一場雷陣雨，在雨過天青後，天空就變得很有戲，這也是我最常趁著勤餘，拿著相機到處晃的時間，時不時就能捕獲老天爺賞我的大禮。

▲ 太平島午後經常下雷陣雨，雨勢總是又大又急，某次雨後島上出現一道大彩虹，剛好跨過了南北兩端。

▲ 某個午後錨泊於島南的拉法葉艦，在虹及霓的點綴下，陽剛不再，反倒增添了幾分柔情。

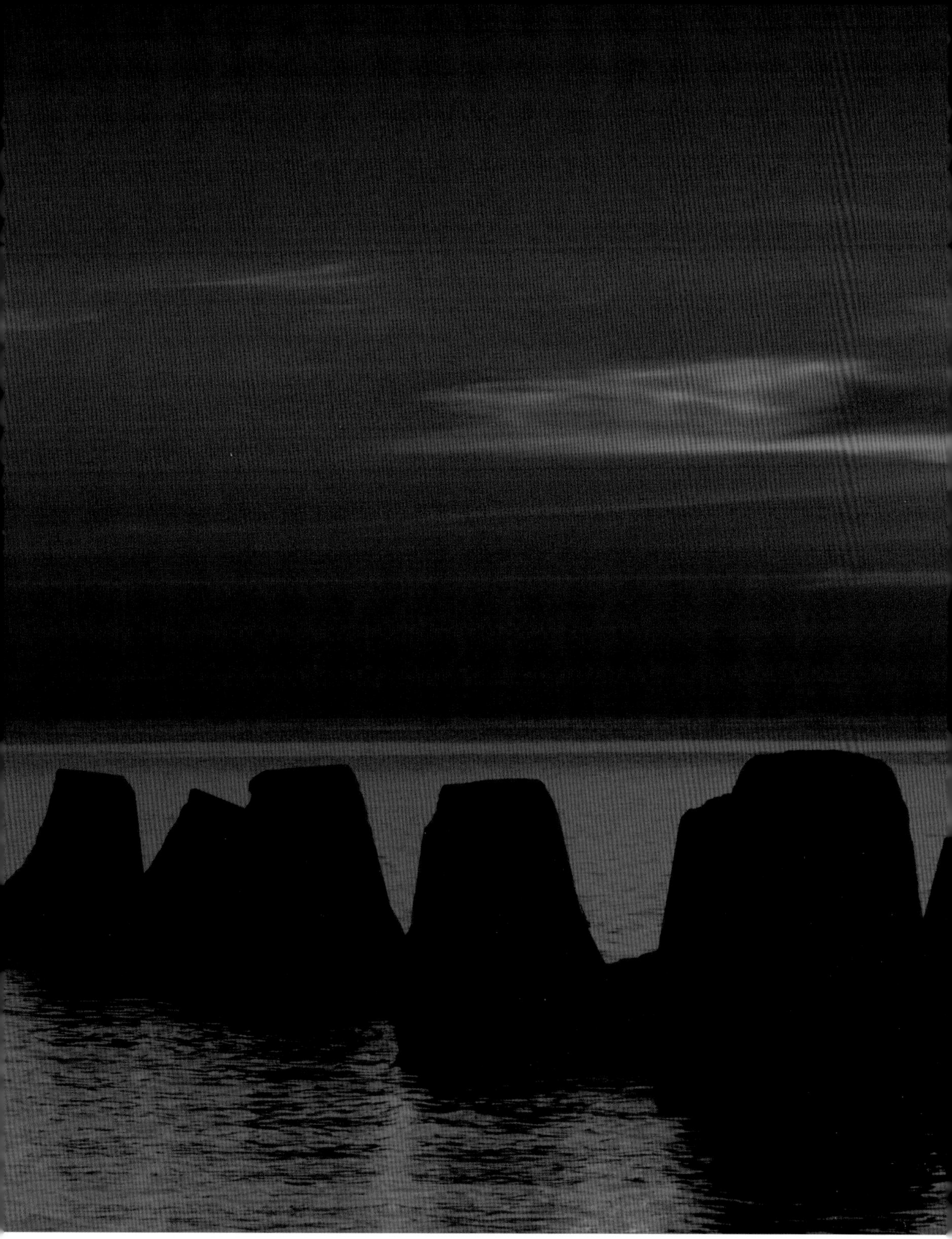

▲ 午後經常下雨，雨後的天空總是格外乾淨，連落日的餘暉都變得特別耀眼。

▲ 勤餘之時，我經常拿著相機在島上散步，每每都能拍到出「奇」不意的亮點。

▼ 島上的雲特別有戲，總能與夕陽搭出令人目不轉睛的大景。

2. 宛若穿越的復古絕景

我目前一共登太平島兩次，除了對三到四天的惡劣海象航程，或是搭上運補船，經常要提防「小強」隨時會與你搶食、夜晚與你共眠的經驗，比較令人感冒之外，對於太平島的一景一物，也漸漸有了深厚的情感。

太平島也有所謂的八大美景——文化公園、思安亭、環島生態步道、觀音堂、舊棧橋、島東日出／島西日落、島南海岸線、島北海岸線。據說，駐守太平島的官兵公認，其中最美的景，非舊棧橋莫屬。

▲ 披著晨光上工的運補船。

▲ 太平島八大景之最——日治棧道日出星芒，是我每天 5 點晨起，爆肝換來的美景。

太平島八景之最——日治舊棧道

位在太平島東南角的棧道水泥基座，是日治時期留存至今的歷史遺跡。碧海藍天有了它當前景襯托，從各個角度取景，怎麼拍都好看。棧道基座的正面照看起來就像一幅油畫，真是美呆了！

日治時代棧道位在東南面，是日出拍照的熱門景點。至於西南面海軍陸戰隊時期的碼頭棧道，則是拍攝夕陽餘暉、取景的好地方。

▲ 島上西南面由海軍陸戰隊修築的碼頭棧道，是拍攝夕陽的絕佳景點（現已拆除）。

▲ 太平島東南方的日治棧道，是拍攝日出的絕佳場所，我私底下都稱它為太平島版的英國巨石陣。

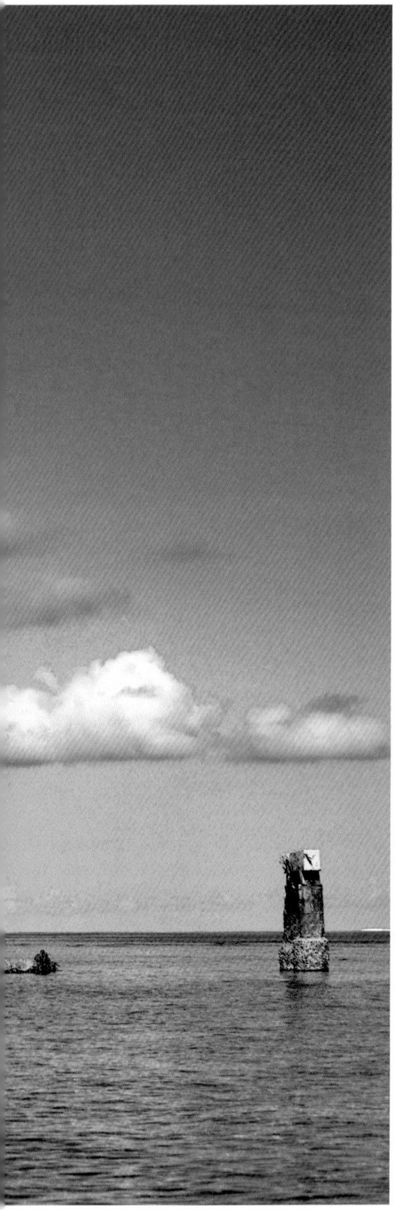

堪比英國巨石陣，天天爆肝也要衝大景

日治時期的棧道，不僅是島上的拍照熱門景點，它在太平島的地位，就如同埃及的金字塔、中國的萬里長城那樣，稱得上是具有指標性的建物遺跡。某次我趁著退潮之際，走在潮間帶礁臺上，由西往東望去，這ㄇ字型巨石搭配天空朵朵白雲，彷彿置身在英格蘭的巨石陣中。

▲ 藍天配上斑駁的棧道遺跡，彷彿穿越時空回到了過去。

▲ 座落在東南礁臺上的棧道基座，搭配天空朵朵白雲，
彷彿置身在英格蘭的巨石陣中。

▼ 看到眼前的景致，一瞬間讓人誤以為置身仙境，就算這時候遇到仙女也不足為奇了。

為了不錯過美景，有一陣子我每日清晨五點起床，整理好攝影裝備及行頭，急忙踩著單車，來到觀音堂外的日治棧道拍攝日出。那段時間睡眠不足、過著天天爆肝的生活，其實就是為了一窺大家口中流傳的太平島八景之最。雖然累，卻也甘之如飴。

在等候按下快門的那一刻，靜靜聆聽海浪輕撫沙灘的聲音，望著太陽緩緩冒頭、探出海面，睡意及疲憊頓時一掃而空。

▲ 晴空下的舊棧道遺跡，在藍天與碧海的映襯下，更顯壯觀。

太平島（南沙）解謎

民國 11 年至民國 18 年，日本拉薩島磷礦株式會社曾在太平島**開發磷礦，建有宿舍、倉庫、輕便鐵軌與船埠**等。二戰期間，日軍在島的東南方建棧橋運補物質。棧橋由數十條ㄇ字型橋墩連接，上有板道，**由沙灘直通外海**。之後棧橋毀損，故剩下橋墩石座遺跡。

乾枯白水木，在光影下重獲新生

白水木是原生於海邊的植物，喜愛陽光充沛的環境。東沙島也看得到它們的樹蹤，在太平島的北岸沙灘上，則有多株已乾枯的白水木，儘管生機不再，卻枯而不倒、倒而不朽，彷彿象徵著島上弟兄堅毅不拔、同島一命的精神。

我很喜歡這些白水木，除了呈現一幅亂中有序的畫面，也讓我從中窺見，在這座島上刻下的歷史痕跡。

每當夕陽西下，那層疊交錯的枝幹剪影，似乎在細說著，它曾經伴護這座瑰麗海島的過往，直到鞠躬盡瘁的那一刻。

▲ 島北的白水木，枯而不倒、倒而不朽，彷彿告訴大家，島上弟兄堅毅不拔、同島一命的精神。

▲ 乾枯的白水木，仍佇立在岸邊，它們誓死也要守護這座島。

3. 兵家必爭海域的和諧日常

登上太平島一段時間後，我發覺**南海並非外界所想那般充滿肅殺之氣**。南海諸島彼此雖屬不同國籍，也不至於無事惹爭端，大家謹慎固守自己的小島，除了偶有漁船穿越我方領海或越界從事捕撈，倒也相安無事。

駐島期間，除了例行的操練及驅離可疑海上目標外，日常生活就像住在一座海上漁村般，養著雞、羊，同時栽種著有機農作物；**島上還有取之不竭的木瓜和椰子**，報准（編按：向南沙指揮部報備獲准）後也可在港邊及特定區域垂釣，大夥有時在假日或過節的夜晚加菜、打打牙祭，以慰身在南疆的辛勞戍守。

▲ 島上資源豐富，香蕉更是取之不盡，前提是得自己動手去摘。

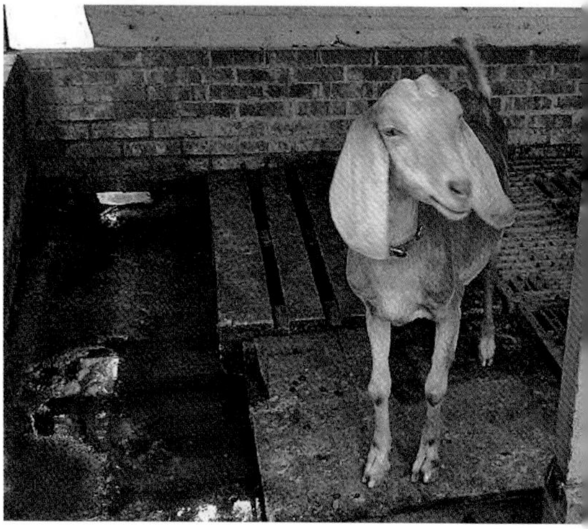

▲ 運補船沒來時，大家就得想辦法餬口，自己養雞、種菜，好處是吃進去的食物保證天然、有機。

定期巡防中洲礁，意外驚擾燕鷗群舞

島上的勤務，主要有島上船艇保養訓練和海上驅離可疑的目標。另外，每週定期巡防中洲礁，亦為例行任務之一。

中洲礁是一座小型珊瑚島礁，西距太平島約三・一浬（約六公里），東距越南敦謙沙洲約四浬（約七公里）。

當海水漲潮時，島礁露出的面積約有一百平方公尺，巡防小艇每週有固定航次前往巡邏，並視海象狀況於島礁插上國旗，宣示主權。

不過，中洲礁的四面有暗

▲ 島上工作主要有船艇保養訓練和驅離海上可疑目標，另一個例行的任務，就是巡防中洲礁，看似平靜卻不易登陸。

礁環布，多數水深僅〇・五至一公尺，即使是目前臺灣最輕巧的M8巡防小艇要停泊靠岸，仍須有人員下水，在前方引導。

▲ 中洲礁與太平島之相對位置。
＊圖片來源：維基百科。

▼ 中洲礁附近暗礁密布，一個不小心就可能觸礁。

▲ 前方中洲礁，單兵左去右回：定期巡防中洲礁是駐守太平島的例行任務之一，中洲礁附近水淺、多暗礁，即使是 M8 巡邏小艇，在停靠時都需要同仁下水協助、引導。

巡防過程中令我比較難忘的，是在民國一○二年六月九日上午，當天接獲南沙指揮部通報，於中洲礁外**有不明船隻滯留，我們隨即啟動多功能艇加速前往**。

當時越南籍漁船一見我方海巡艇逼近，立刻調頭駛離，但那排煙管煙霧、引擎聲響，早已驚擾了中洲礁上孵卵的燕鷗，紛紛拍動翅膀飛向天際，我意外看到如此壯觀的畫面，下意識的立刻拿起相機記錄，那瞬間的感動到現在還難以忘懷。

▲ 從遠處望去，即可看見中洲礁上密密麻麻的都是燕鷗，牠們才是在宣示主權。

▲ 中洲礁上有許多燕鷗，但少見燕鷗成群振翅，這畫面令我久久難忘。

◀ 主權的證明：時不時還可見島礁上有燕鷗產下的蛋。

太平島（南沙）解謎

中洲礁，位於南沙群島的一個小型珊瑚島礁。目前由中華民國實際控制；然中華人民共和國及越南均宣稱擁有其主權。**中洲礁是中華民國在民國 89 年後才占領的島礁。**

SF-801（M8 快艇）船長：8.2 公尺、船寬：2.95 公尺、材質：FRP、排水量：2.55 噸。一般於離島地區或淺水岸際、河口皆有部署。

▲ 中洲礁附近水域中有豐富的魚類資源。

▲ M8 快艇為目前主要負責太平島近岸巡邏的小型船艇之一。

海象轉趨平靜，海上治安就難安寧

有時海象轉趨平靜，南海鄰近諸島的小船就會蠢蠢欲動，意圖入侵。這時南沙指揮部雷操手（編按：雷達操作人員）的工作就相當重要，只要他們發現海面動態異常就會提前通報，接著就換我們出馬，開著海上巡防小艇前去執行驅離任務。

對於企圖越界的小船，巡防小艇多採雙艇夾擊、造浪阻進等方式驅離，讓越界漁船知難而退，不敢越雷池一步。

實際上，太平島距離越南、菲律賓及海南島較近，周遭多為他國小島，因此附近常有外籍漁船經過，也就是這樣，時不時就得在海上與越界漁船，上演你追我跑的戲碼。

不過，也不是每次相遇都像警匪片一樣刺激。我就曾巧遇過菲籍漁船，他們樂天、爽朗的態度，不但沒有看到我們就逃，還

▲ 雙艇夾擊戰術。

▲ 追擊並驅離越界的越南漁船。

用英文與我們簡單的寒暄幾句，著實讓人覺得親切又好笑。

其實**太平島附近很少出現菲籍漁船**，我探究其原因，應是對方船隻老舊及捕魚技術落後所致。那天罕見的在太平島外大約十二浬處，發現一艘菲籍漁船滯留，當巡防小艇靠近時，船上漁民還開心的和海巡人員打招呼，他們樂天、熱情的態度也感染了我們。

當然我們還是本於職責，叮囑他們不得進入我國禁限制水域（編按：禁止及限制水域）捕撈漁獲，後來也禮尚往來的與他們簡易的用英文聊了幾句，便目送他們離開。

▲ 海象轉平靜時，海面上就經常會出現不速之客，這時就得以戰術（包括英語寒暄）驅離越界的漁船。

▲ 撈過界：樂天熱情的菲律賓漁民。

▼ 在我們叮囑他們之後，也用英文簡單寒暄幾句，目送他們離開。

在高雄市的太平島上與越南看同一個日出

南海上錯落著許多島礁，而且分屬不同國家，因而在國際上成為充滿爭議的海域，拜這樣複雜的背景所賜，反而令我留下不少難忘的經驗。

例如，太平島附近的敦謙沙洲，它目前由越南實際控制，與太平島同屬鄭和群礁內的一座沙洲，長約五百公尺、寬約三百公尺，面積大約〇．一平方公里，位在太平島東方約七浬處的水域。

民國一〇二年三月十九日這天，我爬上這座島上的制高點，一座七層樓高的塔臺，這裡平常主要負責雷達監控及氣象觀測工作。當天從太平島的方向望去，我看著太陽不偏不倚的從敦謙沙洲升起，剎那間，敦謙沐浴在一片金

▲ 我頻頻按下快門，記錄眼前的美景，也記下這難以言喻的感受。

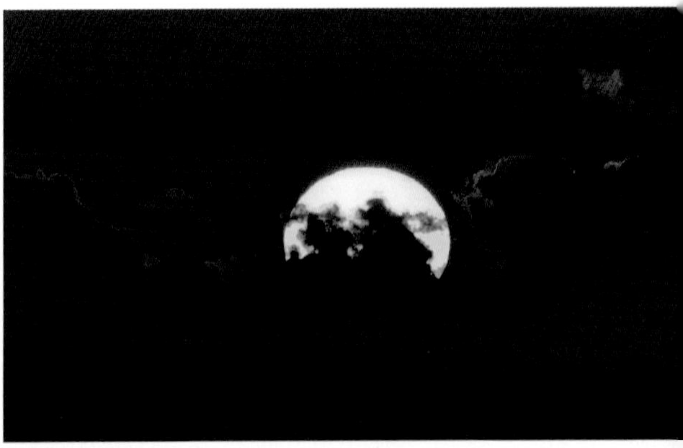

▲ 當天的日出又大又圓，將雲染成一片紅火。

碧輝煌、閃亮耀眼的光芒中，在忘我的美景中回過神，我才發現自己雖然處於臺灣的領土，卻能與越南看著同一個日出，那種奇妙的感覺，很難用言語形容，我只是本能的按下快門，讓照片訴說當下那種莫名的感受。

不知到了傍晚時分，敦謙沙洲上是否也有人遠望著從太平島落下的夕陽？

▲ 我從來沒想過，在臺灣的土地上能看到越南的日出，不知道當夕陽西下時，敦謙沙洲上是否也有人和我看著同一個日落？

太平島（南沙）解謎

敦謙沙洲屬於南沙群島之一，實為一個圓形沙島，周圍珊瑚礁環繞。中國漁民向來稱之為馬東、黃山馬東。目前的名稱是民國 35 年，中華民國海軍派往接收南沙群島，**以當時的中業艦艦長李敦謙之名來命名**。

民國 63 年，**中華民國原本有軍隊駐守**，在當年颱風經過，駐守軍隊為了躲避颱風撤回太平島，越南趁機派兵占領至今，越南當局將該沙洲改稱「山歌島」，目前由越南實際控制。

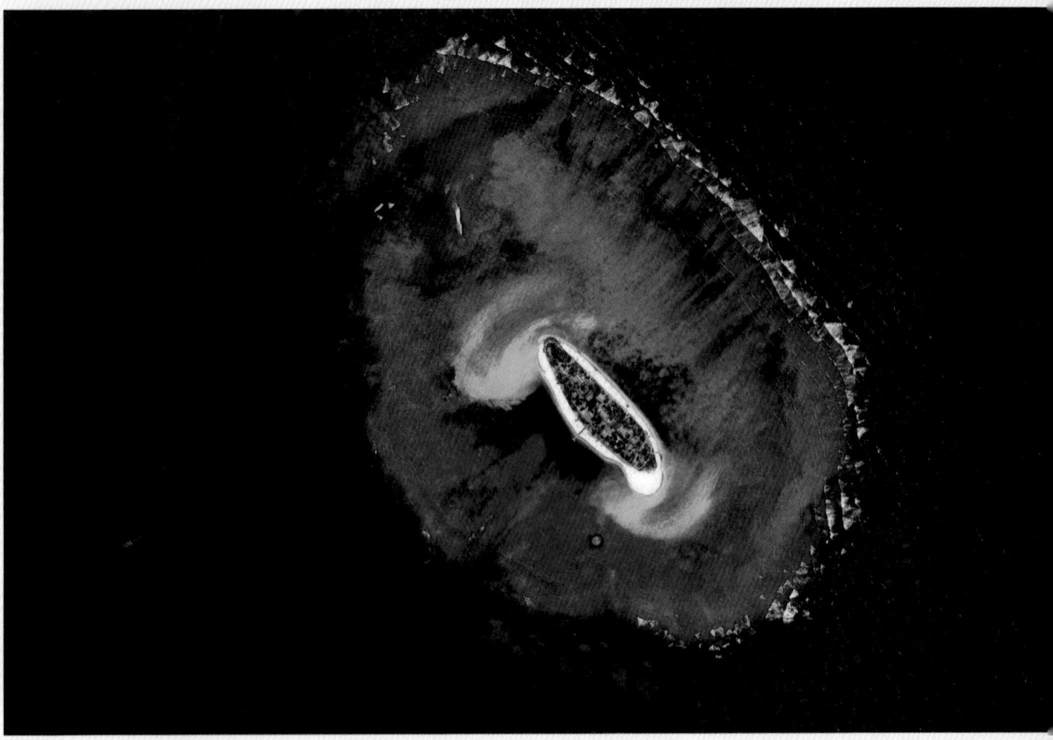

▲ 敦謙沙洲的空拍圖。
＊圖片來源：維基百科。

海上維安，拯救迷途產婦、母子均安

在島上的駐守的日子，除了在海上執行勤務，維護國家主權外，島上的任務更是攸關性命。例如，拯救迷路的「產婦」。

就在上島的第三天清晨，我依舊起了個大早，前往岸邊沙灘巡查海域周遭狀況，忽然間發現，有一隻綠蠵龜癱趴在西北邊的沙灘上，我猜想，牠可能是昨晚漲潮時，越過消波塊游上岸產卵，待退潮時卻被消波塊阻斷重回大海的去路。從沙灘上鬼畫符、戰車履帶般的足跡，牠應是茫然心慌、折騰了一整晚吧？

▲ 在島上的第三天，我就遇到了一隻上岸產卵卻迷路的綠蠵龜，看似受困了一晚。

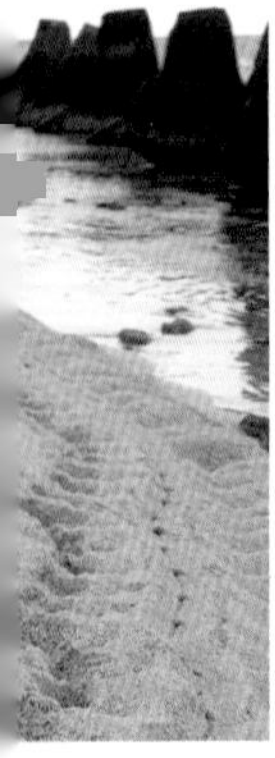

▲ 清晨於沙灘巡查時，發現整個沙灘遍布如戰車開過的痕跡，原來是受困的綠蠵龜找不到路回家。

當下我立即通報指揮部，調派岸巡弟兄一起來幫綠蠵龜脫困，一行人連忙幫這位孕婦澆水潤濕，接著大家小心翼翼的又抬又推，總算把這位迷途的準媽媽，送往安全的回家之路。

▲ 產婦在海灘上折騰了一晚，總算能順利回家。

還有一次在駐地外洗手臺刷牙準備就寢時，正聽著同事高談闊論、描述以前在島上救了幾隻小綠蠵龜，結果漱口時猛然低頭，發現地上有一隻黑黑小小的生物在爬行，原以為是寄居蟹便不以為意，直到牠爬上我腳跟前定睛一看——該不會是同事口中的小綠蠵龜吧？難道這就是所謂命中注定的邂逅？我親眼看到小綠蠵龜本尊，實在是太萌、太吸睛了！

於是，我立刻召集同事從駐地往沙灘方向，探

▲ 第一次親眼看到小綠蠵龜，其天然萌的模樣著實令人融化。

尋因島上燈光而迷失方向的小綠蠵龜。那一晚我們只找到四隻，隨即將牠們帶到北岸沙灘野放入海，我想這也算是功德一件吧。

▲ 最後我們救到四隻，並順利將牠們護送回家。

人造氣象浮標，意外如同夜市一般熱鬧

在太平島上，除了海上維安及海洋保育的例行巡弋外，另外還得每週定期查看島西三浬（約五・七公里）外的氣象浮標。

太平島西邊三浬處，水深已超過數百公尺，附近可供魚群棲息之處，卻只有一個氣象浮標；浮標下方長滿水草及青苔，吸引水中浮游生物及小魚、小蝦聚集，因此成群的白毛魚和鯛魚也群聚於此，意外形成熱鬧非凡的海底奇觀。

▲ 人工氣象浮標，反而成為水中生物的新天堂。

◀ 位於太平島西的氣象浮標，底下可是如同夜市一樣熱鬧。

TOBI

▲ 人造氣象浮標下長滿了青苔，意外成為海洋生物的最佳覓食地。

4. 太平島上的旅人與住民們

太平島接近赤道無風帶，幾乎不會遇到颱風侵襲，故植物高大茂密，島上有一百四十七株十餘公尺高、樹齡達數百年的大樹，形成典型的熱帶海岸林，另有草生地及散生樹木區。

拜得天獨厚的氣候所賜，島上除了擁有豐富的天然資源，亦住著許多大小生物，不過，因為太平島四面環海，島的面積不大，再加上距離大陸或其他大島較遠，所以島上的脊椎動物種類並不多。

▲ 島上的寄居蟹個個都是武林高手，這隻還會攀砂走壁。

相對的，因每年四月太平島正逢海流與季風轉換的時期，此時期逢東北季風退縮，西南季風擴張，造成海流流勢紊亂，各海流的浮游生物皆聚集於此，使得海中的魚蟹種類就相當豐富，因而吸引不少以此為食的鳥類。

▲ 享受大海泡泡浴的寄居蟹。

▲ 島上幾乎無處不見寄居蟹的蹤跡，尤其晚上四下無人之時，經常聽到牠們發出細碎的聲響。

岸邊的怪聲，有鬼？

在島上最常見的就是寄居蟹，幾乎走到哪都可以見到牠們的蹤跡。話說那天晚上在沙灘上尋找海龜時，隱約聽到耳邊傳來窸窸窣窣的怪聲音，要不是身邊有幾名壯丁陪著，置身在這邊疆窮壤之地，我應早已嚇得魂飛魄散。

後來聚精會神一瞧，發現四周都是寄居蟹——我才恍然大悟，原來每天早上在沙灘看到，那一道道彷彿玩具車開過的軌跡，是牠們夜遊時留下的紊亂足跡。

▲ 晚上在沙灘上經常傳出窸窸窣窣的怪聲，一度讓我以為自己撞鬼了，後來才發現那是寄居蟹舉家夜遊的聲音。

沙灘上的法拉利——角眼沙蟹

另外還有一種俗稱「沙馬仔」的角眼沙蟹，牠們有著如千里眼般的雙眼，爬行速度堪稱螃蟹界的法拉利，每秒可跑三．八公尺，不過只能跑六秒，沙灘上沒有任何蟹種可以贏得過牠。

在太平島觀音堂附近的沙灘可見其蹤影，但想要捕捉牠們的身影，就需要一點技巧了。

首先得選好位置、角度後耐心等待，只要發覺

▲ 角眼沙蟹堪稱沙灘上的法拉利，由於牠們「落跑」速度之快，讓我剛開始拍牠們時吃了不少閉門羹，後來我改採守株待兔策略，才終於如願以償。

角眼沙蟹從洞口爬出，就必須像木頭人一樣靜止不動，以免驚嚇到牠們。

我連著幾天埋伏在牠們的洞穴旁，好不容易在某天清晨，讓我拍到一隻蟹美眉在洗泡泡浴，在驚喜之餘讓我也能大飽眼福，真是「拍謝」。

▲ 某次我蹲點時，偶然捕捉到蟹美眉洗泡泡浴的畫面，雖然覺得不好意思，還是本能的按下快門。

▲ 角眼沙蟹是陸上速度最快的無脊椎動物，也是臺灣最大型的沙蟹，其特徵為頭胸甲隆起呈方形，眼睛為灰白色、長圓球形，頂端有角狀突出物、雙螯不等大。

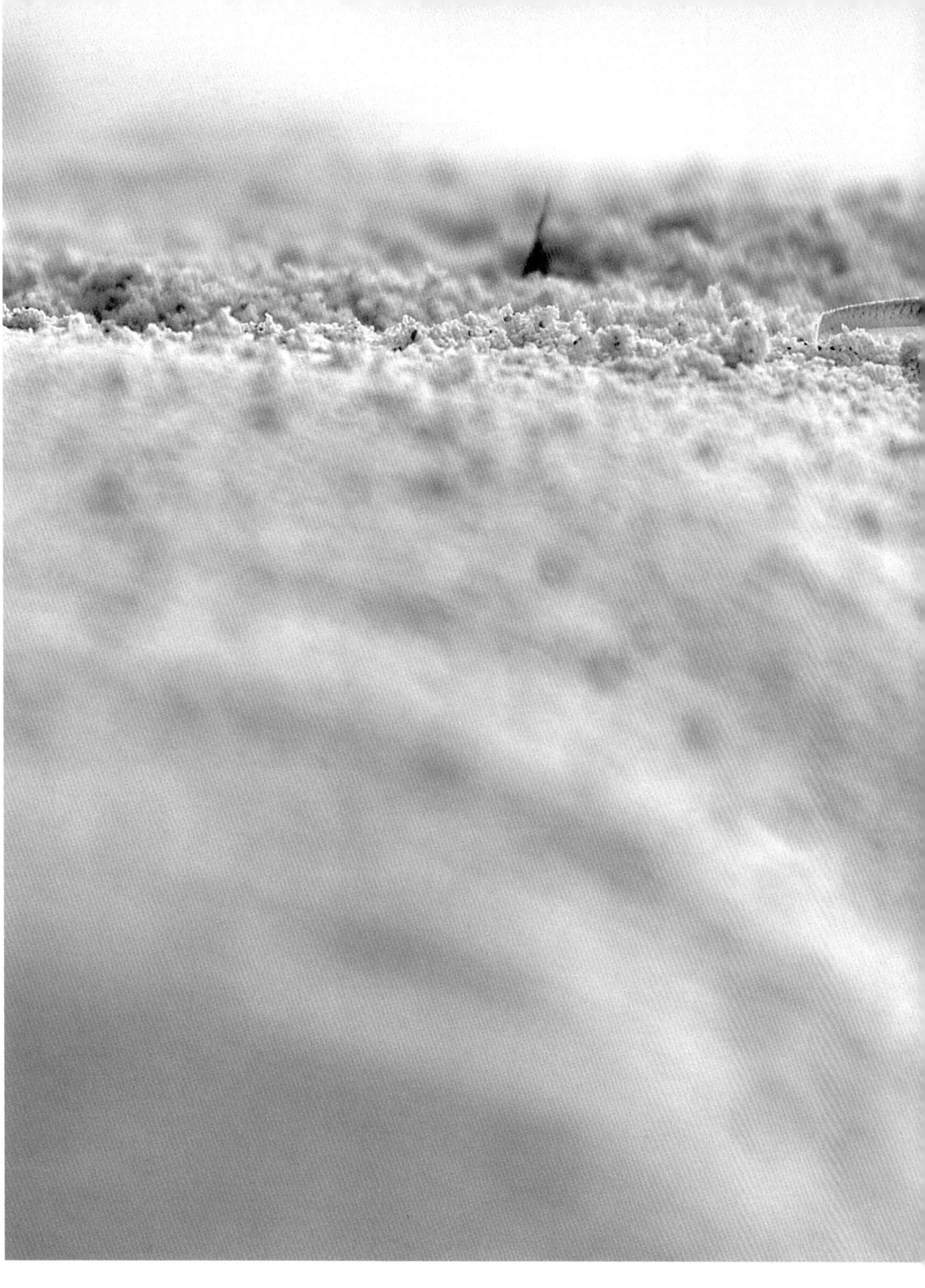

季節限定的海島戀人——鷸、燕和黑嘴鷗

根據歷年相關單位在太平島的調查結果，累積了近七十種鳥類的發現紀錄，其中以過境鳥（候鳥）為主，牠們會在不同的季節造訪太平島。整體而言，春、秋兩季適逢鳥類的遷移時節，所以有較多鳥類的紀錄。

▲賞鳥，海岸第一排：在太平島的西南岸，若起得夠早，經常可見群聚覓食的翻石鷸。

▲ 黑嘴鷗為瀕臨絕種的鳥類，在太平島上也可見其身影。

▲ 秋冬之季，也能在島上遇到前來避冬的燕子。

而太平島上的候鳥主要有鷸、燕和少數的黑嘴鷗，其中又以鷸鳥中的翻石鷸、黦鷸占多數。翻石鷸屬遷移性的候鳥，在太平島上幾乎全年可見其蹤影，牠們經常出現於海岸、或是機場跑道等地；覓食時，除了用嘴插入泥沼地取食外，也頻繁且連續用嘴「翻取石塊」，找尋藏匿在下方的軟體動物為食。

黦鷸又稱作大杓鷸，是鷸科中體型最大的一種；成語「鷸蚌相爭」，指的就是這些鷸科鳥類，牠們以尖長微彎的嘴喙覓食，可伸到泥灘地中搜捕、螃蟹等食物。

▲ 白眉鶺經常在石地上輕跳覓食，動作相當可愛。

▲ 島上經常可見白鷺的蹤跡，而且即使有人接近，牠們仍能怡然自得，儼然一副太平島島主之姿。

▲ 鷸鷸因有尖而彎的嘴，又被稱為「大杓鷸」。

▲ 在太平島上幾乎隨處可見鵐鷸家族。

浪人變鄉民，再也不想走了
——蒼鷺、白鷺和翠鳥

除了候鳥之外，太平島上還有一些留鳥，其中以鷺居多，偶爾在樹林間也可發現翠鳥的身影。說是留鳥，其實多數應屬於過境鳥，因為太平島處於低緯度區域，氣候溫和，有些過境鳥來到之後不再遷徙，選擇長久居留。

▲ 過境變居留：蒼鷺的體型比大白鷺更大，展翅時非常壯觀。

翠鳥喜歡單獨行動，長時間立於高處等候；偶爾會抖動頭及尾部，看到獵物就俯衝而下，以嘴將獵物甩打後吞食。至於太平島的蒼鷺比較怕生，主要在海岸邊覓食；白鷺的行蹤則遍布全島。

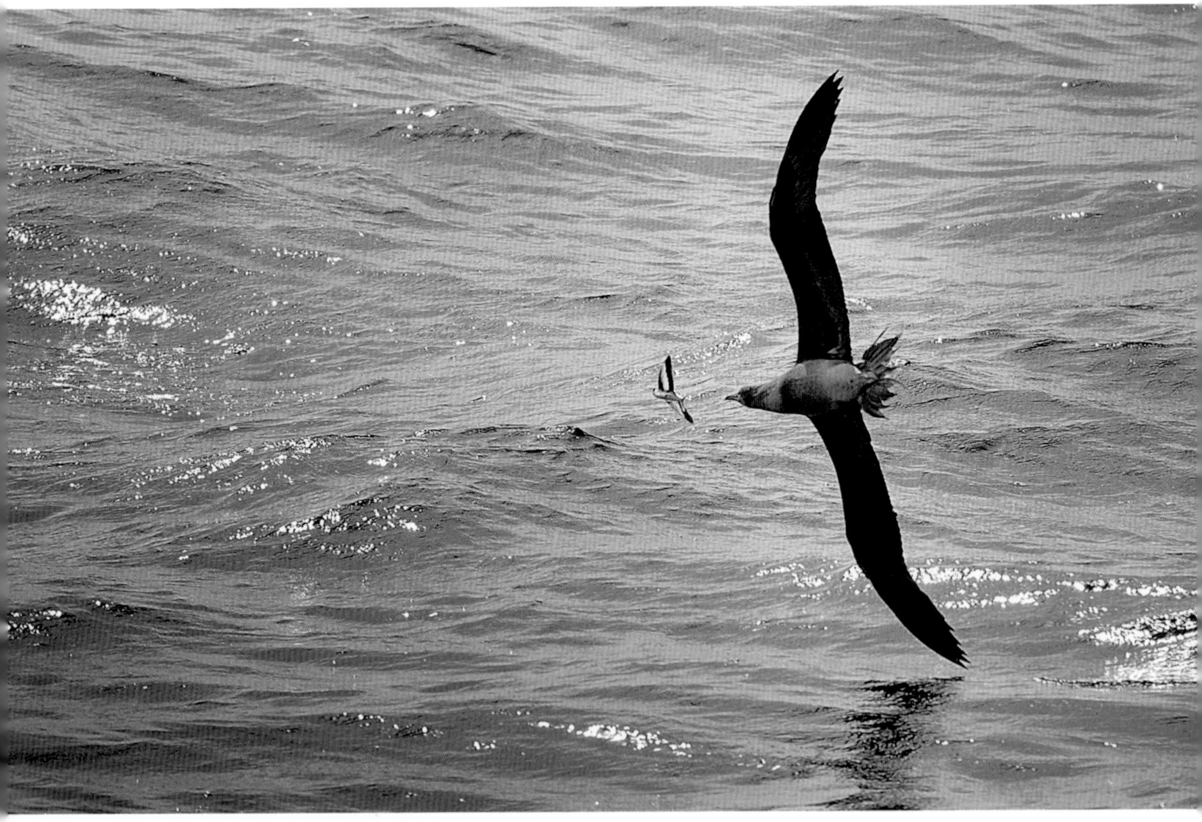

▲ 天地一沙鷗：紅腳鰹鳥的作息十分規律，總在清晨時分飛到海上覓食，傍晚再飛回棲息地，因此又有「導航鳥」之稱。

導航鳥與飛魚的生死決鬥

提到島上的這些嬌客，讓我想到一件很有趣的事。

那天我在前往太平島的運補船上拍完日出、準備收工之際，突然撞見一群「油頭粉面的海鷗」（經查證應是紅腳鰹鳥）在空中飛翔、盤旋；飛翔時頸部伸直，雙腳伸向後方，頭部微朝下彎，專注的偵察海面魚群活動的情況，沿著波浪形路線翱翔、伺機獵捕。

當船頭頂浪、水中飛魚因驚嚇而往四面八方飛躍逃竄，這時好戲就上場了——鰹鳥集體發出預警聲後，隨即從距離海面二、三十公尺高的空中，將雙翅一收，以迅猛的姿態，激速的一頭扎入水中，在水下捕獲獵物後，再次飛回空中。

這生死一瞬間很是刺激，當然也同時**考驗拍攝者的平衡感及追蹤對焦能力**；光是這樣一個場面，拍攝半天下來，我已精疲力竭。

其實，紅腳鰹鳥的作息十分規律，總在清晨時分飛到海上覓食，傍晚再飛回棲息地。牠們不僅擁有超強的飛翔能力，也擅長游泳和潛水。因此，許多漁民便利用牠們的規律性，依據紅腳鰹鳥的飛行方向和聚集點，來尋找魚群的位置，或是在迷失航向時，沿著牠們飛行的路線來確定返航方向，因此又有「導航鳥」之稱。

▲ 追焦！為了記錄鰹鳥捕捉飛魚的這一瞬間，足足花了我半天的時間。

5. 島上人煙稀少，海裡熱鬧非凡

太平島是一座珊瑚礁島，在島嶼周邊的海域中，自然少不了各種珊瑚的點綴。在島的東邊、北邊有幾處斷崖、陡坡，東南邊是緩斜坡，南邊為船隻的主要航道，有人工炸平的痕跡。由於地形與人為因素，除了島的南邊之外，甚至不用潛下水，就能看到色彩繽紛的珊瑚，其中以北岸淺礁臺外、水深三至十公尺的水域，最為生機勃勃且色彩斑斕，又以靈芝珊瑚占多數。

而在島的東南岸，如果遇到退潮，還有機會一睹整片珊瑚外露的景色，那豐富的色彩層次，更是令人忍不住讚嘆大自然的鬼斧神工。

也因為太平島附近有許多珊瑚礁岩，因此航行至淺礁水域時，一定得派人下水查看水深領航，在某次任務須航經淺礁區域，**由我下水引導航行方向，當我戴上蛙鏡，下水查看水深，才驚覺這太平島的水下世界真是別有洞天、驚為天人。**

◀ 太平島四周的珊瑚密度極高。不需要潛水，也能看見色彩繽紛的珊瑚景致。

島嶼東岸由南至北的珊瑚外露奇景

民國一〇二年五月二十六日，這天適逢太平島最大退潮，傍晚先來到東南岸，瞬間被眼前的景象吸引——活生生、繽紛絢爛的珊瑚，就這樣從海平面探出頭來，這無疑是**我心目中的新世界第八大奇景**，更是不諳水性朋友的一大福音，不用咬呼吸管、不用戴蛙鏡，只要在岸邊彎下腰，就可清楚看見珊瑚的美麗蹤跡。

▲ 島東側向海延伸 1 公里以上的礁盤外斜坡，為一片少經人跡打擾的「海底花園」，色彩繽紛的各種軟硬珊瑚，開展在水深 7 公尺的礁平臺邊緣，並直降到水深 36 公尺的垂直海壁上，形成一片豔麗的花牆。

▲ 退潮限定：免浮潛、免蛙鏡，岸邊彎腰就見到。穿西裝、打領帶也能一睹珊瑚外露美景，更是我心目中的新世界第八大奇景。

當天看完東南岸的珊瑚美景後，我還是意猶未盡，於是決定邊走邊拍，一路向北順手記錄下沿途的美景。雖然一樣是外露珊瑚，沒想到東北岸的珊瑚卻又是另一番風情，色彩更為豐富，有軸孔珊瑚、靈芝珊瑚及軟珊瑚交錯相疊，好不熱鬧。

▲ 太平島東北岸的珊瑚色彩更豐富，如大自然的調色盤。

▼ 東南岸外露珊瑚種類豐富，且造型一個比一個獨特，讓人意猶未盡。

海葵好朋友，不只小丑魚

在成片的珊瑚上，經常可以發現海葵的蹤跡。說到海葵與珊瑚，很多人分不太出來兩者之間有什麼差異，簡單來說，珊瑚和海葵兩者雖然長得很像，但海葵觸手圓潤且沒有骨骼，喜歡獨處，和小丑魚生活在一起，兩者有著密不可分的共生關係；而珊瑚觸手形狀不一，表面有細小的刺，有明顯的骨骼，喜歡群居、會成群成片出現。

因此能看到海葵的地方，當然一定能看見小丑魚的蹤跡。不過，其實還有一種生物也會仗著海葵的毒性，讓自己有個棲身之所，那就是海葵蟹。這種互利共生的關係，相當務實也逗趣，是不是跟人類的社交模式很像呢？

▲ 海葵雖然不愛群居，卻能與小丑魚和海葵蟹一起生活，這種互利共生的關係，與人類的社交模式有異曲同工之妙，相當務實且逗趣。

太平島（南沙）解謎

海葵蟹屬瓷蟹科，又稱為礁蟹，實際上牠們不能算是真正的螃蟹，而**是透過進化長得像螃蟹一樣的龍蝦**，瓷蟹與真正的蟹的分別是，牠們只有三對步足，第四對隱藏在甲殼底下，鉗沒有腕節，有一對很長的觸角。

此外，牠們的腹部很長並起褶，可以隨意活動。當受到威脅時，瓷蟹可以拍動腹部加速逃走。

顧名思義，牠們的肢體與瓷器一樣很容易碎裂，在躲避天敵時也會拋棄附肢求生，隨後很快會長出新的肢體。牠們通常成對的居住，不可同性單獨在一起，並和各種不同的海葵共同生活，以捕捉微小的無脊椎生物及小魚維生。

▲ 名字有蟹，其實我是龍蝦。

尼莫這一家，我的老朋友

在太平島初見海葵蟹，令我又驚又喜。但更令人興奮的是，我在太平島上結識的尼莫這一家。

民國一〇二年三月三十一日那天，我在碼頭下水，做巡防小艇的水線下勘查及船體刷洗時，無意中結識了這一家子。就像其他小丑魚家庭一樣，牠們並不是非常歡迎我，或許在牠們眼中，我就像綠巨人浩克般令人生

▲ 3 月 31 日初次結識尼莫一家人。

▲ 5 月 27 日兩度與牠們相遇，第一次見到的嬰兒尼莫，已經大到我快認不出牠們了。

畏，但我仍然自作多情，以「乾爸爸」自居，從此將尼莫一家人擺在心上。

五月二十七日我再度下水與這家人重逢，發覺原先的嬰兒尼莫已經長大，大到我都快認不出來了，卻很慶幸牠們能如此健康快樂的聚在一起。只是碼頭不久後即將動工，尼莫一家人或許將被迫搬離家園，不知到時是否都能安好健在。

笛鯛、水針及黑毛，密集恐懼症別看

太平島上雖然人煙稀少，但海中的世界可是非常熱鬧。

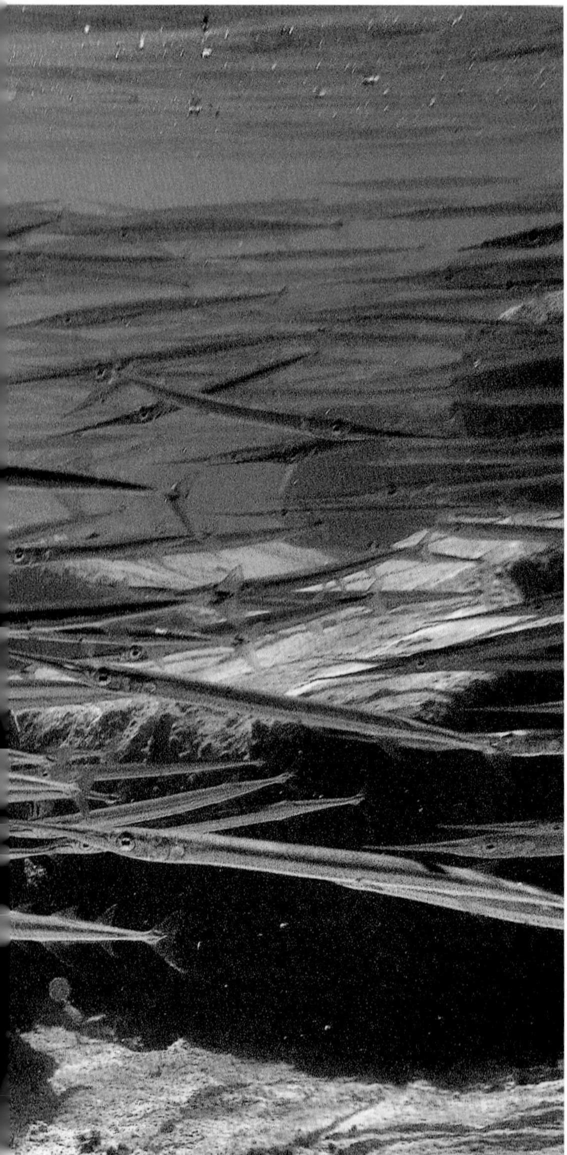

▲ 群聚覓食的水針魚，雖然身價不斐，但成群襲來，密度之高令人頭皮發麻。

▲ 總是一大群一起出現的金帶齒頜鯛，牠們也算太平島「養殖」的。

▲ 綠刺尾鯛，在國外稱牠為「外科醫生魚」，又名「粗皮鯛」。

由於四周海域資源豐富，浮游生物、蝦貝及各式魚類繁多。加上島上供應著對海洋環境無害的餿水，笛鯛、水針及黑毛等魚種，經常成群結隊出沒在礁區近岸巡遊覓食，放眼所及總是被魚群所覆蓋，相當壯觀又令人震撼。

尤其眼見一整群黑壓壓的「黑毛」，睜眼瞪著並朝我游來，著實讓人毛骨悚然。

悠游仙子——燕魚

當然，撇去那些以量制勝的魚群，還是有不少體態優美、身輕如燕的魚種，例如燕魚，堪稱是太平島周邊最療癒的海洋生物。雖然沒有經過人工飼養，好奇的燕魚一見著巡防艇接近，仍

▲ 神出鬼沒的黑毛，牠們是釣客不畏寒流、狂風巨浪也要釣到的魚種，這裡超級多。

會成群緩慢的靠近，可愛身形擺動著短短的尾鰭，相當有趣。燕魚在任何潛水觀光景點都相當吸睛，經常成為潛水客追逐拍攝的對象。

▲ 上方圖為燕魚的幼魚，多棲息在淺海域的礁石邊；下方圖為圓眼燕魚輕盈的游著，相當療癒。

▼ 可愛的蝶魚也常伴游在燕魚身旁。

6. 二次登島，世外桃源變漫天塵土，造就第九大島景

兩年後我再度登上太平島，當運補船抵達南沙太平島水域時，我滿心雀躍等待著接駁上島，可是就在踏上碼頭的那一刻，眼前的景象卻讓人觸目驚心。這絕非矯情，而是真心感受——怎麼島上被搞得像建築工地一般，漫天塵土飛揚，先前的世外桃源，夜闌人靜的星空獨處時光，難道已成絕響？

▲ 民國 104 年第二次登島，本來滿懷期待的踏上碼頭，結果立刻被眼前的場景嚇到，碧海藍天成了漫天沙塵，和我記憶中的世外桃源差太多了。

　　當然，經過一番調適後，我不改樂天的本性，索性將原本觸目所及的碧海藍天、浩瀚星海等美麗風景，與這些怪手、山貓等重機具結合成另類的海島風情。對我而言，這就是攝影最迷人之處，總是能化腐朽為神奇。

▼ 變身 step 2：碼頭工程的工人觀日落，演繹出另一種閒適。

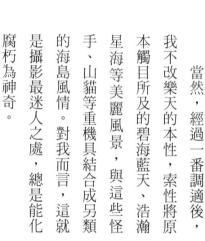

▲ 變身 step 1：在令人放鬆的藍天下，斑駁的重機具反而形成另一種衝突之美。

▼ 變身 step 3：在星軌下，怪手彷彿沉睡中的變形金剛柯博文，隨時可能變身。

碼頭工程意外製造的絕景

因興建碼頭工程，太平島在八大美景之外，又多了第九處新風景——碼頭月牙灣。它是為了濬深港口深度，臨時挖砂建置的一座便道，從南側沙灘延伸至港嘴；此彎曲如弦月的便道與南岸包覆的水域，因海草及白砂相映，使海水呈現出湛藍、翠綠或乳白交疊的顏色，因而得名。

▼ 日出的月牙灣宛若童話故事的場景，迷幻而神祕。

　　而從月牙灣拍攝太平島的日出和日落，更是別有一番風情。尤其在好天氣時，便道上的乳白色砂石，在晨光的映襯下，顯得格外潔白而迷人。

▲月牙灣在陽光映照下，藍得令人想不顧一切的跳進去游個痛快。

▼ 因施工而造就的島上第九景——月牙灣，其翠綠漸轉湛藍的水色與白沙相映，我還以為自己到了愛琴海。

唯美消波塊的不浪漫用途

由於太平島東西長約一千三百六十公尺，只要太陽的角度適當，就有機會在清晨岸邊的某處，看著朝陽自東方海面升起，傍晚時分可以捕捉夕陽自西方海面落下的美景。

掌握這個天時地利的絕佳狀況，我特地找一天進行「島西觀夕」的拍攝，那時太平島西北邊為了防止海砂流失，放置了一整排的消波塊，在落日餘暉的襯托下，似乎也多了幾分浪漫美感。只是在「唯美消波塊」的場景之外，我也親眼目睹因消波塊的放置，而危及綠蠵龜生命的傷心事……。

由於太平島的氣候與植被，對綠蠵龜而言是良好的產卵環境，因此終年都有母龜上岸產卵，且集中於夏、秋（七月至十一月）兩季。以往太平島所有沙灘都有母龜產卵的蹤跡，但集中在島東人煙稀少處。機場跑道築成後，島東的樹林消失殆盡，綠蠵龜主要的產卵地移到北岸沙灘。

不過，綠蠵龜產卵後要爬回大海，常因退潮受困在岸邊消波塊內。例如我之前提到的那隻上岸產卵的準媽媽，就是因為被消波塊擋住了去路，在沙灘上被困了整整一晚，幸好我們發現得早，幫助牠重回大海。

▲ 綠蠵龜上岸產卵返家的最大阻礙：在太平島西邊為了防止海砂流失，而放置了一排消波塊，在落日餘暉下看起來相當浪漫，但它也成了綠蠵龜上岸產卵返家的最大阻礙。

綠蠵龜的眼淚

以前聽說綠蠵龜在產卵時，會流下淚水。

有人認為那是因為產卵的過程太痛苦，也有人說是為了防止眼睛乾燥或沙粒進入才會流淚，更有專家認為，那是綠蠵龜眼窩後的「鹽腺」，將多餘鹽分排出體外所造成。

▲ 陸上不是我的家：許多上岸產卵的綠蠵龜，因為消波塊阻擋，因而在岸上迷了路。

不過這些都只是聽說，直到某次在島上陪同記者，為了太平島生態的錄製作業，前往沙灘尋找綠蠵龜的蹤跡，最後，在島北的沙灘上，發現一隻正在產卵的綠蠵龜。

沒想到讓我親眼看到綠蠵龜正在流淚，不管成因為何，這畫面讓我相當衝擊，也讓我想起那隻千辛萬苦爬上岸產卵，卻迷了路的綠蠵龜。

如果產卵的過程已是如此艱辛，是否有方法能幫助牠們更輕鬆的返家？這個問題我至今沒有答案。

▲ 我第一次見到綠蠵龜因產卵而流下眼淚，這畫面令我感到相當衝擊。

期盼珊瑚再現美麗生機

珊瑚礁群就像是海裡的房子，海中的魚、蝦、生物都是住在珊瑚礁裡頭，造礁珊瑚群是造就熱帶淺水海域五彩繽紛、生物多樣性、豐富的珊瑚礁生態系最主要的功臣，因此有「海中熱帶雨林」之稱。而這一片美麗的海中熱帶雨林，支持著很多國家的經濟，如果珊瑚白化死亡，珊瑚礁都消失了，魚蝦就不會住在這裡了，不僅對於附近生態海域造成很大的影響，對於倚重海洋維生的國家，經濟也會受到衝擊。

在南沙太平島海域，周遭的海底珊瑚，同樣也面臨著大自然環境變遷的嚴峻考驗。民國一〇四年再次上島

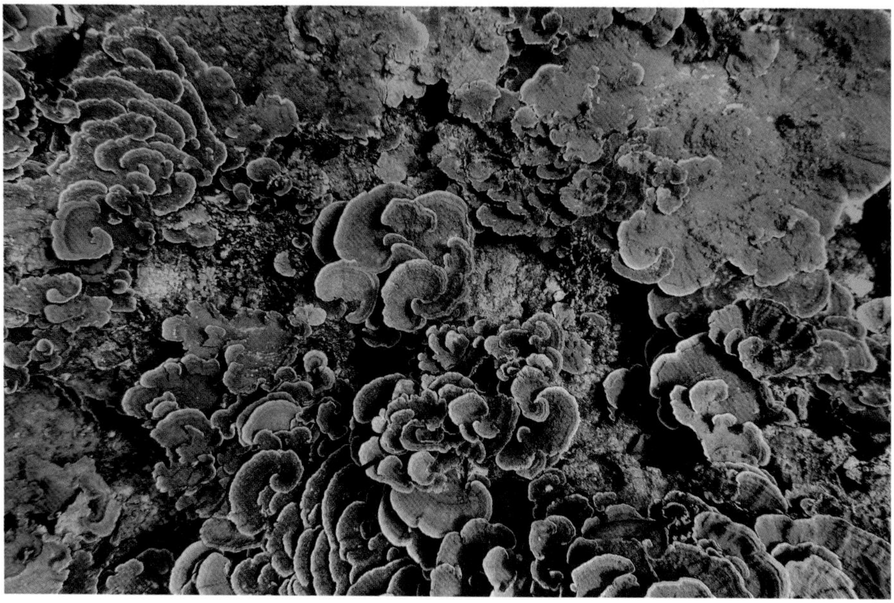

▲ 未染病前的靈芝珊瑚。

▲ 誰來搶救太平島生態？圖下方處的靈芝珊瑚已染黑病，並逐漸擴散，威脅了太平島海底美麗的生態。

時，幾次的水下勘查作業中，明顯發覺西北岸的靈芝珊瑚，有大片變黑並脆化的現象，這應是俗稱的「珊瑚黑死病」——即珊瑚遭到黑皮海綿體覆蓋、染病，而導致死亡。

我們都知道，珊瑚提供魚群棲息之地，也是孕育小魚的場所。如今這種快速蔓延的黑皮海綿藍綠菌，正嚴重威脅著太平島的珊瑚生態，需要大家正視，一起努力讓珊瑚再度恢復生機。

▲ 成群活潑的笛鯛，與染病而失去生氣的靈芝珊瑚，形成強烈對比。

南沙太平島不僅具備重要的戰略位置，附近海域更蘊藏豐富的天然資源，除了漁場面積達二十餘萬平方公里，始終是重要的漁業基地，**位在南沙海域的石油資源量估計有 349 億噸**，天然氣約 6 兆立方公尺，堪稱未來世界的重要石油及天然氣產地。

目前島上設有南沙醫院、氣象觀測站、衛星電訊通訊、雷達監控等通訊設備。大約有一百多位海巡署和海軍的氣象人員駐紮在此，另有空軍南沙太平基地勤務派遣分隊的場站維護等人員駐守；沒有平民居住（第一位設籍者於民國 105 年遷入），一般人也無法任意登島參觀。

太平島、東沙島獨家精美高畫質螢幕桌布下載連結

- 電腦版螢幕桌布：http://ppt.cc/PzGuy
- 手機版螢幕桌布：請掃右方qrcode。

＊下載方式請見連結中「下載教學」資料夾。

若有任何問題，請洽詢：02-23757911 分機 121。

Information Box｜三分鐘認識南沙太平島

太平島又稱黃山馬礁，位於南沙群島北部中央「鄭和群礁」的西北角，東邊距離中洲礁約 3.1 浬、越南敦謙沙洲約 7.1 浬，西南邊距離南薰礁 16 浬，屬南沙群島中面積最大、也是唯一有淡水資源的島嶼。

民國 89 年由海岸巡防署接管巡防勤務，行政上隸屬高雄市旗津區所管轄，與高雄港相距約 860 浬，距離東沙島約 640 浬，是我國轄境最南之處。平均潮位時陸域出水面積約 0.51 平方公里，**約有 70 個足球場大小**，外觀看來是座東西狹長的島嶼，東西長約 1,360 公尺，南北寬約 350 公尺，地勢低平，全部由珊瑚礁組成；沙灘上堆積的細砂，主要是珊瑚和貝殼的碎屑。

當地屬熱帶海洋性氣候，終年高溫如夏，**是臺灣少數不受颱風直接侵襲的領土**，因此島上植物多數高大茂密，形成典型的熱帶海岸林，有椰子、欖仁、海檸檬、木瓜、香蕉樹等一百多種；海濱地區的主要植物種類有馬鞍藤、雙花蟛蜞菊等。陸上的無脊椎動物有五十多種，每逢下雨過後，四處可見非洲大蝸牛的蹤跡，夜間有陸蟹生態值得觀察；有時沙灘上，還能看到保育類動物海龜及玳瑁爬行的足跡，附近海域也有許多水字螺、唐冠螺和寶螺等貝類。鳥類則估計有五十多種，以候鳥為主，多做短暫停留渡冬、過境；此外，島上常有雀鷹、白尾熱帶鳥等鳥類棲息。

第二章／紛爭海域的掌上明珠

東沙島

那一夜為了拍攝美照，我待在伸手不見五指的野外，獨自忍受一小時的恐懼，心裡真是難熬，不僅擔心巧遇詭影，更害怕附近哨所豢養的「聰良」出現……。

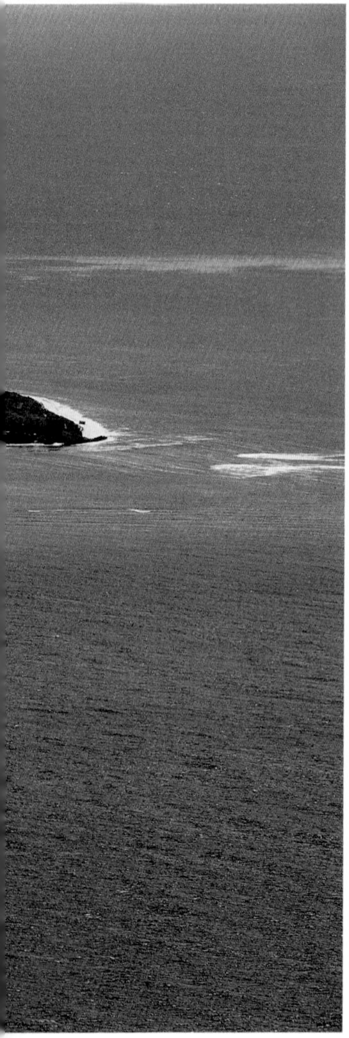

1. 只可遠觀的神祕國境，我終於找到機會一窺究竟

我從事海上巡防工作近二十年，因海岸巡防署正式接管東沙島與南沙太平島的巡防勤務，才有機會前往東沙島一窺堂奧。

起初，同仁前往東沙島的意願普遍不高，便以抽籤方式進行派駐作業；那年我剛過本命年、運氣特好，慶幸抽中尾號；但正如俗話所說：「出來混的，遲早要還。」後來因為任務需要，

從高雄港出發至東沙島，距離約444.48 公里。

▲ 東沙島與臺灣本島的位置圖。
＊圖片來源：維基百科。

▲ 從空中鳥瞰東沙島，其形狀宛如月牙。

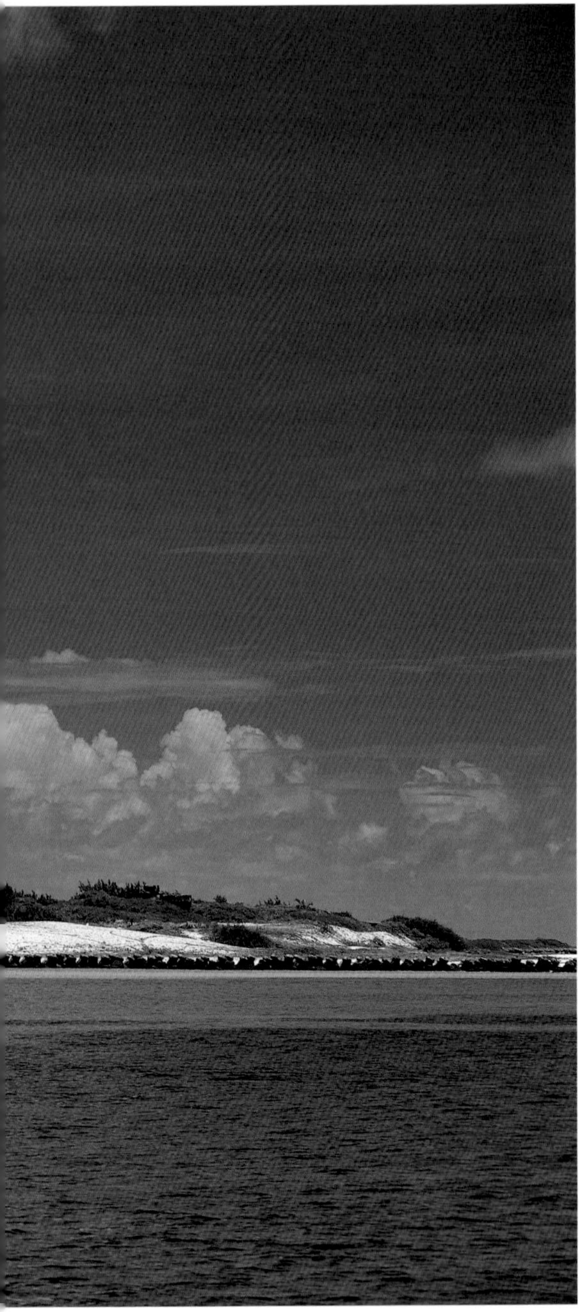

即於民國九十九年三月，奉派擔任一〇〇二六巡防艇的艇長，至東沙執行為期長達數天的掃蕩越界漁船任務。就這樣我開著一百噸的巡防艇，自高雄前往東沙島執行驅離勤務，開啟支援東沙勤務之新頁。

正如大家所知，東沙島是南海上東沙群島的主島，是南海數百個島礁中最大的島嶼之一。因島嶼形狀如馬蹄、月牙，古有「月牙島」之稱。

當時由於環礁內水淺，無法停泊一百噸的巡防艇，只能錨泊在環礁外足夠水深的水域；儘管得以登上東沙島，卻因任務在身且巡防艇錨泊在外，匆匆一瞥後，隨即返回巡防艇上當值，對東沙島並未留下太多印象及感觸。

▲ 第一次登島由於環礁內水淺，無法停泊 100 噸的巡防艇，儘管得以登上東沙島，但僅能走馬看花，隨即返回巡防艇上當值。

海上任務大鯨，「勸退」競爭者

話說回來，在前往東沙島執勤之前，我不曾預料會有遇見「鯨」奇這一幕！

民國一〇三年三月十九日，天清氣朗，早晨由東沙啟航，戒護二〇六〇巡防艇返回高雄歲修，就在航行至東沙島東北方約五十浬（約九十二．五公里，一浬為一．八五公里）處海域，發現遠方海面上斷斷續續有水霧噴出。

原來，是一群抹香鯨朝我們的方向游來，大夥隨即放慢船速，一齊享受這趟海上航程中的意外「鯨」喜；看著鯨群在海中自在嬉戲、玩得好樂，同仁的嘴角也跟著上揚、好不開心。

▲ 在前往東沙島值勤的途中，巧遇抹香鯨群，實在是大大的「鯨」奇，牠們還如隨扈般跟了我們一陣子，就像要和我們一起出任務。

爾後，前往東沙島執勤的次數增多，並隨著年齡增長以及對攝影的熱愛，轉而迫不及待的想早些時候輪派東沙島。

好不容易終於讓我逮到機會，換我輪駐島上，卻突然有自願者殺出意圖角逐，所幸在我好說歹說下，被我一一勸退。

▲ 自民國 99 年 3 月迄今，已多次至東沙島執行任務，因此與它產生了格外深厚的情感。

東沙島解謎

東沙島呈西北西至東南東走向，東西長約 2,800 公尺，寬 865 公尺，陸地面積約 1.74 平方公里，「C」字型島嶼中間包圍海水成為一個內海（潟湖），面積約 0.64 平方公里，為珊瑚礁堆積而成。全島周圍 10 至 15 浬為礁盤區。

島上有清代中國漁民建造的漁村和廟宇，如：大王廟。亦有氣象臺、無線電臺和燈塔等設施，便利海上航行。

▲ 從天空中鳥瞰東沙島。

坐一整天的大怒神，終得一見月牙之美

東沙島距離臺灣約兩百四十浬（約四百四十四公里），**從高雄出發，至東沙海域需約莫十二個小時**，若遇冬天東北季風發威之際，海象更是惡劣，執行任務總是格外艱辛；尤其以二十噸艇執行巡防艇換防任務的同仁，隨著惡劣湧浪上下起伏，彷彿體驗了一整天「免費的大怒神」。

在如此惡劣的海象中執勤，難免會遇到狀況。

民國一〇三年十一月二十三日，我就曾戒護二十噸二〇六五艇由東沙島返航時，遇上惡劣海象，傍晚於高雄港外約六十浬處發生故障，最後只能由一百噸船艇執行戒護、拖返高雄。

▲ 遇季風時海象惡劣，任務執行格外艱辛；尤其是 20 噸艇執行巡防艇換防任務的同仁，隨著惡劣湧浪上下起伏，著實體驗了一整天免費的大怒神。

▲ 民國 103 年 11 月 23 日戒護 2065 艇由東沙返航時遇惡劣海象，傍晚於高雄港外約 60 浬處發生故障後，後來由 100 噸的船艇拖返高雄。

2. 海面上全力掃蕩，水面下一片和樂

民國一〇五年三月二十九日那天，我正式進駐東沙島擔任海巡東沙分隊駐地主管，梯次任期為半年。當時趁著海象平靜，在前梯同事的引領下，針對東沙水域各航行危險區域逐一展開勘查工作，殊不知這暗藏危機的水下風光，竟是如此夢幻絢麗，還巧遇東沙潟湖口外的沉船遺跡、四線笛鯛魚群從旁閃亮滑過的一幕……。

▲ 四線笛鯛魚群在沉船遺跡旁悠游，讓人忍不住讚嘆。

海天之間的驍勇英姿

在島上主要的任務，大部分就是於東沙島禁限制水域巡邏，防止他國漁船及船舶入侵進行違法之事，並協助保育海洋生態。但一般人可能很難想見，每當海象平靜無波時，反而是我們最需要警戒的時候。

由於東沙島海域水深不足、潛藏暗礁，無法停駁大型船艦，**目前僅規劃十噸舷外機巡防小艇和二十噸噴射巡防艇駐守**，同時，每個月至少有一班次的大型巡防艦，配合東沙分隊執行東沙海域掃蕩任務。

而在執行掃蕩任務前，會

依據東沙指揮部雷達顯示越界漁船分布的狀況，規劃驅離及部署對策；通常是以大型艦在外、小型艇在內，內外夾擊的方式，再搭配水柱強勢驅離，促使越界的外籍漁船疲於奔逃，不敢再犯。

有一回早上天還未明，就接獲東沙指揮部勤指中心通報，隨即前往驅離進入東沙島限制水域的不明國籍漁船。當時眼見環礁外的海象，真是百年難得一見的平滑如鏡，只不過海面正上演著小蝦米對大白鯊的戲碼——我們正以二十噸巡防艇，驅離大型燈火漁船。

▲ 於禁限制水域巡邏並驅離非法越界之船舶，是於東沙島派駐時最主要的任務。

不知情者也許就當作在欣賞一幅美麗的風景畫；身在其中者，卻是一顆心七上八下，生怕稍有閃失便擦槍走火。事後了解漁船只是借道、無害通過，虛驚一場。

拂曉出擊，漂亮完勝

一般來說，一百噸巡防艇的機動性高，噸位及船型適中，最能勝任越界漁船的驅離任務，因此上級單位會機動調派南部海巡隊的一百噸巡防艇，支援東沙海域的掃蕩勤務；不過從高雄前往東沙海域，冬天有東北季風，夏天有西南氣流或熱低壓，海象普遍不佳，巡防艇從高雄出發，**一路顛簸約莫十二小時來到東沙，又接續驅離任務**，對艇上同仁的體力和耐力實在是一大考驗。

曾有一次，臺南海巡隊一〇〇五九艇（百噸級）隨著桃園艦（千噸巡防救難艦），前來執行東沙掃蕩任務，當天的戰略是：「拂曉出擊，趁其不備」。

清晨兩點，它們就在東沙島北十二海浬海域待命；凌晨四點，東沙分隊二十噸艇及十噸艇相繼摸黑出勤，日出前於北環礁外與大型艦艇會合出擊，即便前方波濤洶湧，各艦艇仍不畏艱辛的勇往直前，在同事的共同努力下，成功完成驅離任務。

▲ 在海上遇到越界漁船，多半會使用水柱強勢驅離。

▲ 以 20 噸的巡防艇驅離上百噸的漁船。

▲ 如畫般美麗的朝陽映照在漁船上，為紛擾的水域帶來難得的和諧。

▼ 凌晨 4 點與同事相繼摸黑出勤，在火燒雲的晨光中，勝利而歸。

3. 藍天、白雲、碧海……暗礁注意！

環礁內部是平均水深僅十六公尺的水域區，有許多珊瑚丘、小沙洲和淺灘暗礁等分布其間，多數淺礁於退潮時會露出水面（看 Google 地圖可見環礁形狀）。而在環礁的西北、西南各有一處天然缺口，東沙島剛好就位在這個缺口中間，形成所謂的南、北水道，也是進入內環礁水域的主要通道。

▲ 在藍天、白雲、碧海的襯托下，東沙島的水沙之美，恰如鑲在南海上的一顆閃亮明珠！

我曾看過許多資料形容東沙環礁的形貌，說它就像是飄浮於蔚藍海面上的翡翠鐲子；而位於環礁西面的東沙島，彷彿是鑲嵌在手鐲上的一抹祖母綠……我想，這是對東沙島最為貼切的形容了。

在藍天、白雲、碧海的襯托下，東沙島的水沙之美，恰如鑲在南海上的一顆閃亮明珠！島上有豐富的生態與植被，因此成為許多小生物的熱

▲ 在島上到處都可以遇到令人驚豔的小生物，這隻是我在島上遇到體積最小、但其背上的家裝潢最精緻，堪稱東沙迷你豪宅。

帶天堂。而島上最大群的原住民，則是寄居蟹。

不過要提醒大家的是，**東沙環礁的範圍十分廣闊**，在附近航行的船隻千萬要特別小心，**稍有不慎，就有可能擱淺或觸礁沉沒**。

位在東北環礁上有一艘鐵殼擱淺船，堪稱是最完整的見證，是不是也帶有一點滄海桑田之感？

▲ 東沙環礁周圍的礁臺，只有在低潮時部分會露出或接近水面，於附近航行的船隻如稍有不慎，就會擱淺或觸礁沉沒。因多數暗礁無正式名稱，如發生同仁駕船不小心觸及暗礁，那顆暗礁就會以駕駛的名字來命名。

▲ 神鬼奇航。東沙環礁內暗礁密布，稍有不慎就會碰撞海損。東北環礁上的鐵殼擱淺船（其船殼保存良好），就是最好的借鏡。

東沙島上打卡熱門景點——南海屏障國碑

前往海島旅遊時，多數人都會在島上的熱門景點拍照留念，東沙島當然也有這類的景點。

比方說，面向海洋屹立不搖、位在東沙島南側的「南海屏障」國碑，就是東沙島上打卡及團體合照的熱點。

此紀念碑由內政部在民國七十八年興建，碑上記載著東沙島的戰略位置，並記述東沙島的地形與氣候概況。

近年來，平面及電子媒體對於「南海屏障」國碑的相關照片已登載不少，而我比較特別的經驗是，

▲ 民國 105 年參與東沙體驗營的大專生，於國碑前合照留影。

東沙島解謎

南海國碑上的碑文：「東沙群島位粵省汕頭南端，當閩省下游與粵省東部出海要道之衝，是我國南海諸群島中最北之一群。臺灣省在其東北，菲律賓遙在東南。清雍正 11 年（民國前 22 年）即列入我國版圖。曾見載於當時陳倫炯海國見聞錄附圖，足證是處主權屬我，早為世所公認。

「民國以來，致意經營。民國 10 年由海軍戍守。15 年成立氣象臺。對日抗戰期間，曾為日軍侵據。抗戰勝利後，再由我收復，並重建氣象臺、通訊站等。民國 38 年 6 月 6 日奉總統公布海南特區行政長官公署組織條例定，隸於海南特區。

「此處地質，由珊瑚礁組成，東沙島東西長 2,800 公尺，寬 865 公尺，形如馬蹄。冬季有強勁之東北風，夏季西南風較弱，唯時有颱風。年均溫在攝氏 25 度。地下水鹹，賴儲存雨水飲用。

「海域附近魚源豐富，有：水針、九孔、鮑魚、龍蝦、石斑、海膽、鯖、烏賊、玳瑁及稀有藥材海人草等。島上植物有：銀合歡、風桐、椰樹、木瓜、桑、木麻黃、龍鬚菜等。現設有一個氣象觀測站，兩座發電廠，十餘大型、小型儲水槽，及軍醫院、機場、港口、漁民服務站各一。

「群島因富水產，向為我重要漁場。其在氣勢上，有如粵南之觸鬚，呼應臺灣，對呂宋形成犄角。今後倘予妥善開發，其潛在功能，當益顯著。

「海疆形勢天成，如期其於國事民生特具貢獻，諸有賴資以人謀，俾收宏效。」

曾經趁著某個月黑風高的晚上，來到國碑前、架著相機，朝北邊曝了一個多小時，終於拍出完整的同心圓星軌照片。

若要拍攝星軌照片，必須懂得地球自轉原理，且事先研究曝光的方位，做一些天文知識功課，較能拍出驚豔的照片。

不過，這張照片可得來不易，那晚我獨自待在伸手不見五指的荒郊野外，雖然只待了一小時左右，但隨著內心的恐懼蔓延，真是讓人度秒如年，全身直起雞皮疙瘩。

▲ 同心圓星軌使南海國碑在剛毅中別有一番浪漫——攝於伸手不見五指、度秒如年的晚上。

其實比起鬼魅，我更害怕附近哨所豢養的「聽良」。聽良是島上官兵公認體態最優、戰鬥力最旺盛的獵犬，牠可是東沙島所有獵犬中的常勝軍。

那晚我出門散步，擔心牠突然起意找我單挑，我還沒走到牠的地盤，就撿起石頭自衛示警。沒想到把石頭丟到地上時，牠還以為我在跟牠鬧著玩，搖著尾巴跑去撥弄那顆石頭、對著它狂吠，看到這幅景象我反而鬆了一口氣，想到有這麼勇猛的夥伴陪我守夜，大概連鬼都要敬牠三分吧。

▲ 東沙島上的常勝軍——聽良，連鬼都要敬畏牠三分。

傳說中的「司徒礁」

剛派駐東沙島時，就聽前一梯次的同仁口耳相傳，說在島的東方、距離碼頭約一浬（約一．八五公里）處有顆「司徒礁」，航行時要特別小心留意。

所謂「司徒礁」，並非真有一塊名為「司徒」的礁石或礁岩，而是因東沙環礁內水深僅十六公尺，其中暗礁密布。由於多數暗礁沒有正式名稱，若有同事駕船不小心觸及，那顆暗礁就會以該駕駛的名字來命名。由此推想，「司徒礁」應該就是某位司徒學長，在某年某月某一天不小心碰觸到的暗礁。

這顆傳說中的司徒礁，就位在環礁內的南北航道中，退潮時距離海平面僅〇．五公尺，為了確認它的位置及水深狀況，我特別選了一個風平浪靜的午後，實際下水查看、量測；待我們找到它，發現並沒有想像中可怕，而且還相當豔麗——是一塊布滿「紅扇珊瑚」的大石礁。

紅扇珊瑚有別於可當珠寶販售的紅珊瑚及寶石珊瑚，牠們附著在大礁石的側面，通常生長於海流稍強的淺水區域，一般利用浮潛方式，不用背負沉重的潛水裝備，就能看到牠們的倩影。

▲ 傳說中的司徒礁，其典故來自於某位「撞」烈的學長。

東沙島解謎

紅扇珊瑚珊瑚主要分布於太平洋海域，水深 15 公尺至 20 公尺的海域。

其外型特徵群體分枝延展成一平面，主幹的節間稍膨大，但在分枝上則不明顯。珊瑚蟲分布在分枝的側面和前面，呈白色或透明。珊瑚體呈橙紅色，主軸紅色，珊瑚蟲所在的萼部則為黃色。珊瑚蟲的骨針白色，紡錘形，稍彎曲，表面多突起；萼部含黃色葉片形骨針，共肉組織則含紅色的或棒形球形骨針；節上含桿狀骨針，節間則含癒合在一起的桿狀骨針，**在臺灣被列為禁採的保育類珊瑚**。

在東沙海域偶爾可見其蹤跡，若於臺灣南部及綠島浮潛，也有機會看到牠的身影。

▲ 紅扇珊瑚生長於海流稍強的淺水區域，群體呈鮮黃或鮮紅色，其平面與海流方向垂直。

上島要拜、離島要拜，不在島上也可以拜的東沙大王廟

在東沙島上，至今仍流傳一則「拜碼頭」習俗。據說，初次上島或結束役期下島的官兵將士等，都必須前來「大王廟」上香，依照指揮官的指令，祈求在島上服役期間，或結束役期下島，一切平安順遂，聽說相當靈驗。

這座大王廟是源自於民國三十七年，無人獨木舟載運著關聖帝君（關公）之聖像漂流至東沙島，後來由駐守東沙島的官兵建廟奉祀，流傳到今天。**獨木舟現在仍保存於寺廟一側，用以見證關公渡海而來確有其事**。廟內還掛有數幅砂畫，這是民國九十六年成立東沙環礁海洋公園前，由島上的官兵篩砂、染色及繪製，雖非專業的師傅繪製，畫作卻十分傳神。

在臺灣本島的廟宇每天都會有人參拜，有些人或許求平安、求功名或求富貴，但在東沙大王廟有一個奇景，每逢週四上午前來參拜的人特別多，而且他們都祈求同一件事──希望當天是萬里無雲的好天氣。

原來，每週四會有一班立榮航空的飛機往返東沙島與高雄之間，為了祈求收、放假航班能正常起落，島上等著放假的官兵，一大早就會跑去大王廟，希望能順利返家。

▲ 關公坐船來。東沙大王廟內部的砂畫，雖為島上駐兵繪製，但可見其手法相當純熟。

▲ 軍官兼廟公。大王廟不僅島上的官兵會前往拜拜，祈求軍旅生活平安，也成為漁民在南海作業時的精神支柱。

現在的東沙大王廟是民國六十五年，由駐守東沙官兵完成整建，香火鼎盛，當初載著關聖帝君聖像的獨木舟，目前仍保存於廟側。

廟裡除祭祀關公外，亦祀南海女神媽祖（元代時受封），除香燭由還鄉戰士奉獻外，神像前所掛金牌亦由戰士還願所贈。大王廟的**廟公則會從島上的軍官中選出一到兩位**，負責祭祀和安光明燈等工作。

大王廟不僅島上的官兵會前往拜拜，祈求軍旅生活平安，也成為漁民在南海作業時的精神支柱。到底，東沙大王廟有多靈驗？雖然我沒有在島上安過光明燈，但曾聽過一則東沙大王辦案的故事。

在民國一〇〇年，島上曾發生過一起竊案，由大王廟委託海巡署代管的兩百六十九面金牌，於該年九月失竊，遲遲沒找到竊賊。後來，才透過擲茭的方式，找出偷走金牌的士官。而這件事最玄妙的地方在於，士官說在二月時，他曾罵跑一名小兵，

▲ 由於修廟的工匠都是島上駐軍，不是專業師傅，大王廟的建物比起本島各地的傳統廟宇，多了幾分樸實的喜氣。

後來擔心對方的安危而到大王廟祈求，並承諾若小兵平安歸來，就會乖乖把金牌全數還回來，結果隔天小兵的媽媽就到東沙島上用廣播喊話，果然就找到那位小兵。

不過，那天之後士官反悔並沒有歸還金牌，沒多久後偵辦人員找來所有官兵，到大王廟關聖帝君面前下跪發誓，偷金牌者會擲三個聖筊，神奇的是，就只有那名士官和一名新兵擲出三聖筊，然而新兵剛上島和案發時間根本不吻合，最後在母親節假期，士官返家後與父親坦白自己偷了金牌，並選擇自首，這個案件也成為高雄治安史上「最遙遠的竊案」。

也因為東沙大王的傳說，有更多官兵登島後都會到廟裡安光明燈，不過大王廟的光明燈可是一位難求，而且還會按官階排列，是大王廟的特色之一。

目前東沙島屬管制區，**除駐軍及學術研究人員外，一般民眾無法上島**，但有不少退伍後要升學考試、求職做生意或為家人祈福的官兵，還會打電話到東沙指揮部，央請代為點燈。

▲ 上島的官兵多半會先到大王廟安光明燈，每盞 200 元，也有已經下島的官兵特別打電話來要求點燈。

水下「野柳世界」

由於東沙島上除了南面的五據、六據（編按：一據與一據之間約有三百至四百公尺）碼頭附近的水域，二十噸巡防艇可以安全航行外，其餘多布滿暗礁、無法進入，就連十噸巡防艇航行時，也要有人在船頭瞭望、警戒，以免發生意外。

為了掌握東沙島近岸的水下地形與狀況，某天我特地到四據浮動碼頭外下潛勘查水深，一下水就被映入眼簾的景色衝擊，

▲ 四據浮動碼頭的近處水底隨處可見微孔珊瑚，亦可見多種魚類悠游其中。

眼前隨處可見微孔珊瑚；由於微孔珊瑚具有堅硬的碳酸鈣骨骼，是造礁的主要功臣，更是魚類寄居的場所，因而有許多色彩繽紛的熱帶魚穿梭其中，還有厚唇石鱸不怕生的在我身邊悠游。

由於海底幾乎充滿了珊瑚礁，整體視覺像極了東北角野柳的奇石怪岩景觀，不過，雖然眼前的美景令人難忘，若有船艇誤闖進來，極可能撞上暗礁，後果不堪設想。

▲ 微孔珊瑚具有堅硬的碳酸鈣骨骼，是造礁的主要功臣，外型就像一顆顆女王頭。

東沙島解謎

微孔珊瑚為群體生活，通常生長成為團塊狀、柱狀、表覆皮殼狀、片狀，或分枝狀；群體發育方式為觸手環外出芽；珊瑚石之間大多緊密相連，若有共骨發育則為多孔狀；珊瑚孔壁為一或多圈隔片聯桿環所形成的多孔體壁；隔片由三個至八個幾近垂直的羽榍鬆散連結而成，多孔狀；部分隔片最內端的羽榍可衍生發展成為籬柱；中柱由單一羽榍構成，多半能形成直徑數公尺乃至超過 10 公尺的大型群體。

經常見於印度洋至太平洋海域的各種珊瑚礁環境，在混濁或受汙染海域中，屬於較具優勢的種屬。

▲ 太平島四據碼頭底下遍布微孔珊瑚，就像水下野柳。

東沙外環礁：珊瑚、海葵和牠的朋友們

而在東沙島除了執行海上巡防任務外，協助配合海管處東沙管理站人員及相關專業研究學者，針對環礁、礁臺近岸水域的水文勘查及量測標繪，也是例行工作項目之一。通常我們會找個風平浪靜、無潮無流的天氣，兩人或多人一組，戴上蛙鏡、穿著蛙鞋下水作業。

▲ 從空中鳥瞰東沙環礁，又是另一種美。

▼ 東沙外環礁水域底下遍布珊瑚，各有特色。

首先來到外環礁的西南水域，這裡沒有明顯暗礁，水深八公尺到十公尺，距離礁臺約有百公尺距離。這個水域大多是桌形軸孔珊瑚及鹿角珊瑚。

與西南水域相比，正南方向水域的珊瑚生長狀況更為良好、色彩更加斑斕繽紛，有可能是這個水域海床落差相對較大，海水對流較佳。不過在近岸三十公尺、深約五公尺之處有一塊大礁石，**足以對巡防艇航行構成威脅**；在進行拍照、量測等作業後，立即請艇上同仁於海圖上標定。

接著轉移至東南環礁，其為水質最乾淨的水域，由於海床落差大，巡防艇離礁臺二十公尺水深依舊足夠；只是水流較為強勁，海床溝槽明顯，屬於較危險的水域。

東沙島解謎

東沙礁位於南中國海北部東沙群島中，與東沙島在同一個大礁盤上，呈 C 型環狀，礁弧長約 16 公里、寬約 2 公里，**礁湖內徑約 20 公里至 25 公里，水深一般不超過 20 公尺**。西側與東沙島組成具兩缺口的圓環，形成南、北水道，兩水道間為東沙島。低潮時東部、西部和北部有礁盤露出。

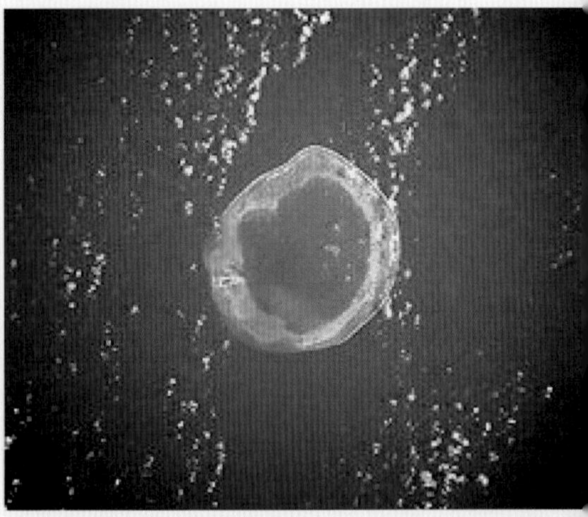

＊圖片來源：Google 地圖。

由於水質最佳，這個水域裡軟珊瑚及軸孔珊瑚夾雜，也因為海床落差大，常有許多大型魚類前來覓食，我就曾巧遇一隻一・五公尺長的牛港鰺，那天牠**可能把我幻想成美味大餐**，在我周圍盤旋、圍繞著，久久不肯離去。

北環礁外由於海床平緩，位於背光面，近礁臺海底黑砂質地較多，光線較微弱，正適合軟珊瑚的生長。除了軟珊瑚外，在北環礁外也經常能看到海葵，因此不難發現小丑魚的蹤跡。

▲ 誰吃誰？於東南環礁外，我曾巧遇一隻身長 1.5 公尺的牛港鰺，相當驚人。

▲ 南外環礁的珊瑚色彩絢爛，但有一顆大暗礁（右上圖），稍有不慎，很可能就發生意外。

▲ 東南環礁的桌型軸孔珊瑚，陽光穿透海水映照在珊瑚上，使珊瑚的色彩層次分明，宛如海中的祕密花園。

▲ 在北環礁外水域巧遇藍紋神仙魚悠游在珊瑚之間，其美麗的紋路絲毫不輸色彩繽紛的珊瑚。

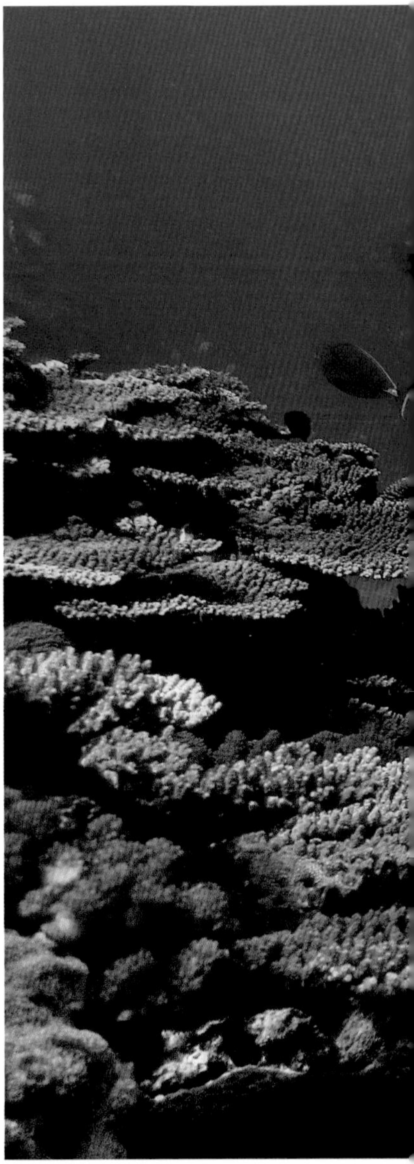

4. 東沙環礁國家公園碑——肉眼就能賞銀河

東沙環礁國家公園是中華民國第七座國家公園，於民國九十六年一月十七日成立。東沙環礁國家公園碑就立於潟湖旁機場跑道入口，成為東沙島上的新地標。而這裡幾乎沒有光害，也是島上看星星的最佳景點。

▲ 每次來到東沙環礁國家公園碑，總是能捕捉到令人驚嘆的夕照。

▲ 東沙環礁國家公園碑附近幾乎零光害，肉眼就可以看見銀河。

▼ 除了觀星之外，這裡的夕彩更是搶戲，每天都有不同的景致，是島上不可多得的放鬆祕境。

Dongsha Atoll National Park

▲ 東沙環礁國家公園內擁有獨特的海底地形與豐富的生態資源，一般民眾無法登島，**若為大專院校學生，則可報名參加海巡署舉辦的海洋體驗營**，就有機會一睹東沙之美。

東沙島解謎

東沙環礁國家公園為中華民國第七座國家公園、第一座海洋國家公園。東沙環礁座落在南海之上，由造礁珊瑚所形成、直徑約 25 公里，包括礁臺、潟湖、沙洲、淺灘、水道和島嶼等特殊景觀，屬於標準的圓形環礁地形。環礁只有在退潮時才會露出海面，長約 46 公里、寬約 2 公里。為了生態保育，不對一般民眾開放觀光。目前可透過東沙環礁國家公園網站的虛擬實境功能，體驗島上風光。

◎東沙環礁國家公園網站：http://npgis.cpami.gov.tw/HY/DONGSHA/home.cfm

▼ 島上純淨且無光害，要看到滿天星斗並不難。

PP-2058

5. 從日出到日落、白天到天黑，讓你無法忘記它的美

在東沙島值勤的日子，隨著四季變換，島上的風景也會隨之變化，讓人即使每天看著同樣一片大海也看不膩。

不過，這裡的多樣性氣候，對巡防工作可是極大的考驗。

▲ 東沙島上的景色隨著季節變化，呈現萬種風情。

為了避免十噸巡防艇遭受西南湧浪的摧殘，我們每逢春末夏初，駐地同仁就會在島東四據沙灘的水域，搭建臨時浮動碼頭，用來停泊小艇。也因為有浮動碼頭及小艇當前景，這東沙島日出拍起來別有一番風情。

◀ 有浮動碼頭及小艇當前景，讓日出畫面看起來更立體。

▼ 太陽尚未升起前，天空呈現一片淡紫，瞬間有種身處異域之感。

▼ 潟湖的落日，更是島上不可錯過的絕景。

▼ 每次看著這樣的光影變化，我總是不由自主的連按快門，
深怕錯過任何一個令人心動的瞬間。

島上不僅日出照片絕美，日落的景象更是震撼人心。

尤其在六月二十一日、夏至這一天，島上的落日會不偏不倚的從潟湖口的海平面落下。對於一般人來說，或許這只是平凡無奇的夕陽西下景致，但實際上，想看到夕陽從海平面落下或日出從海平面升起，而不被雲遮住，機率微乎其微，當天可以說是我的幸運日。我在這祕境已拍了上百張的落日照，就屬夏至那天拍得最經典、也最唯美！經過數百張照片洗練出的手感，讓我體悟到，想拍攝漂亮的落日照，太陽的角度相當重要，而在東沙島上，太陽角度最完美的時刻就在夏至這一天。

▲ 一年只有一次！6 月 21 日那天的落日，是我在東沙島上看過最美的夕陽。

潟湖夕照，美得讓你捨不得眨眼

而落日後的彩霞也不甘寂寞，緊接著上場秀出一場華麗大戲。讓位在東沙島中央這片天然潟湖，就像一面調色盤，任由天光、雲影自由變幻色彩，信手拈來就是一幅動人的畫。

▲ 落日恰好落於潟湖口的奇蹟時刻，在夏至前後的幾天、夠幸運才能遇見。

▲ 潟湖日落及晚霞是東沙最經典的美照之一，潟湖夕影、銀河星空、日出四據算東沙三大必賞的經典美景。

我在某個無風的下午，當耀眼的夕陽落入海平面後，雲彩的層次、海天的對比逐漸顯明，獨自靜賞潟湖映照晚霞、伴隨著潮水，產生變幻莫測的絢爛光影。

以前我欣賞一些水彩、油畫作品，總以為畫布上的美顏光影，是畫家調出來的，不太可能存在於人間。然而來到東沙之後，原先只在畫作上看過的色調，竟不時自然呈現在我眼前。

因為潟湖太美了，我每次在潟湖拍落日，總是不到待到天黑絕不善罷甘休。尤其是天黑前的最後一瞬間，宛如海天對稱的「潟湖彩鏡」驚喜登場，此情此景，更勝我在網路上百看不膩的玻利維亞鹽湖夕照。

▼ 東沙島潟湖在日落最後一瞬間上演的潟湖彩鏡，
美得讓人生怕錯過這場大戲而不敢眨眼。

彷彿置身科幻電影片場

東沙島的夏日時節，銀河會從東南面的海平線升起，由於碼頭光害較少，是絕佳的觀賞地點。

不過，基於環保和避免破壞生態考量，碼頭外並無外堤及消波塊設計，因此無法阻擋較大的西南湧浪。每當氣象預報南風轉強，我們就必須將部分巡防艇拉上岸上架，以防風浪造成艇身的毀損。

▲ 走在伸手不見五指的漆黑碼頭邊，隻手搖晃著手電筒，透過相機長曝的功能，才拍出這張「星際戰艇」。

▲ 在東沙島上，只要找個視野廣闊的空地，就能拍出絕美銀河。

拜這兩個原因所賜，我在一次南風轉強的夜裡，成功拍下了這張「星際戰艇」。我以巡防艇為前景，搭配遠方漆黑夜空中閃閃發亮的銀河，這一幕讓人彷彿置身在《星際大戰》的電影片場中。

不過，想拍出星際戰艇這麼科幻的照片可不簡單，我在背後可是做足苦工，藉著島上碼頭光源不足，我打開了手搖式手電筒，將相機架上腳架、透過自拍長曝功能，才拍出這饒富科幻感的星際戰艇。雖然有點克難，但能讓自己過一過科幻片男主角的乾癮，也算是值回票價。

東沙夜太美

通常想拍銀河的人會往海拔高處跑，因為山上空氣稀薄，水氣及懸浮粒子較少，

▲ 這裡的夜景沒有城市那般繁華絢爛的光影，卻很容易令人深陷回憶。

因此拍出的銀河較為清晰明亮。而東沙島卻有著得天獨厚的優勢，由於光害少、空氣清新，在晴朗的夜空下，只要找個視野廣闊的地方，曝銀河絕非難事。

例如，東沙機場的跑道中央，也是仰望天空、談情說愛的好地點之一，看著夏季銀河從空軍控制塔臺東方緩緩升起，彷彿整座蒼穹星空因你而轉動。

二〇一六年九月二十八日，是我在島上的最後一夜，拿著相機、帶著腳架漫步著，來一趟最後的巡禮。那天拍了東沙指揮部及南海明珠的夜景，這裡的夜景沒有城市那般繁華絢爛的光影，但趁著晚風輕拂，伴著寂靜無聲的夜色，在東沙島上戍守半載的點滴，頓時湧上心頭……。

梅姬的臨別禮物——紫爆東沙

在結束駐地任務、準備下島之際，竟遇上梅姬颱風來襲，海上出現八級到十級的強陣風，全島全員隨即進入防颱戒備狀態。所幸當時梅姬颱風並未朝東沙島方向直撲而來，反而奉送一幅「紫爆東沙」的意外大禮，似乎在為了我們餞別。

▲ 民國 105 年梅姬颱風經過東沙島南南東方海面，全島進入警戒狀態，所幸沒有釀成災情，還奉送了一幅「紫爆東沙」作為臨別禮物。

6. 候鳥練追焦、蟹將做模特兒，最享「瘦」的外拍日常

在東沙島上駐守半年多的時間，除了看不膩的大自然美景外，最令我驚豔的，莫過於島上及海中各種新奇的生物，有天上飛的、也有地上爬的，為這座海島增添風光。

白鷺鷥和蒼鷺的輕盈身姿

春末夏初時節，每當島中央的天然潟湖退潮時，經常可見白鷺鷥與蒼鷺相伴覓食的蹤影。牠們是東沙島上的冬候鳥，纖

▲ 島上的白鷺鷥與蒼鷺，一看見人類接近就振翅高飛。

細雙足與雪白的輕盈身姿，不論是從藍天飛掠而過，或是在潟湖中低頭認真的覓食樣，都為東沙島的美景再添一筆。

某天傍晚我趁著退潮之際，趕緊到潟湖旁捕捉牠們的輕盈的身影，暗自期望牠們正因大快朵頤而失了警戒心，結果事與願違——一看見非我族類接近，鳥群立即振翅高飛。看來，下回我得跟岸巡弟兄借套迷彩裝，偽裝一下，也許更有機會完美拍下牠們的身影。

▲ 年幼的鷸鳥在淺水區覓食，牠們嘴上的功夫可不輸成鳥。

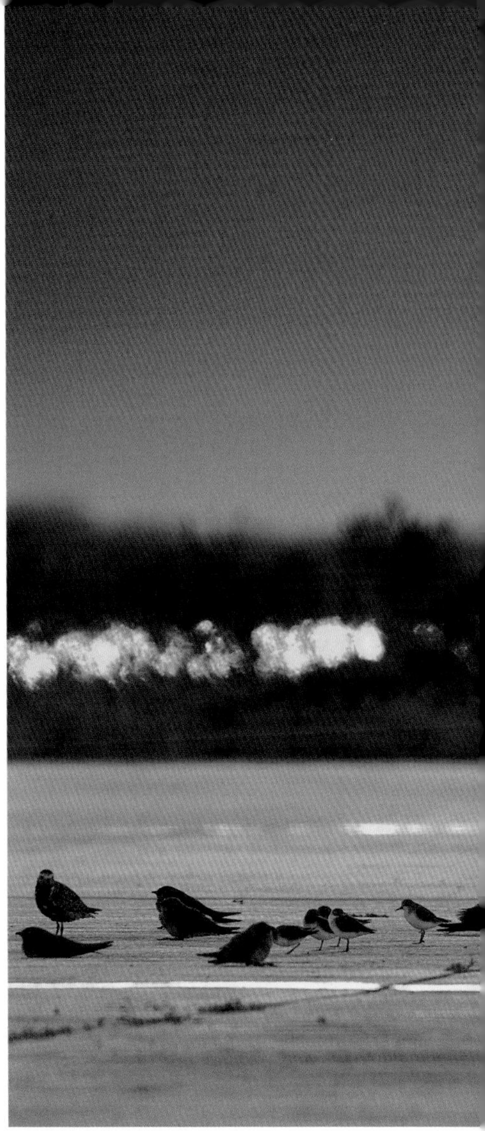
▲ 鸖鳥通常在日出或日落時分，聚集在機場跑道上，狀似在做日光浴。

讓我頻頻追焦的鸖鳥

此外，在東沙島上停留的還有「鸖」，牠屬於小型冬候鳥，不僅在東沙島，南沙群島也很常見到牠的蹤跡。派駐南沙太平島執行勤務之餘，也曾為了拍攝牠們頻頻追焦，如今又在東沙巧遇，感覺就像意外碰見老朋友那般親切欣喜。

就我派駐島上的觀察，通常在日出或日落時分，牠們會聚集在機場跑道上，狀似在做日光浴；為了覓食，才會往淺水塘或岸邊去。

由於「鸖」的警覺性高、飛行速度快，想拍到好照片，真的需要天時、地利、人和，當然還得擁有十足的耐心。

▲ 除了天時、地利、人和，還要有十足的耐心，才能捕捉到鷸鳥的身影。

▲ 某次用鷸鳥練追焦時，意外捕捉高蹺鴴的身影，牠屬於長腳鷸屬，與島上其他鷸鳥相比，牠就像鷸界的長腿「歐巴」一樣，站姿也非常具備明星架勢。

小心！兇狠圓軸蟹出招

在島上除了候鳥之外，還有許多可愛的小生物，當然，也有狠角色。

例如：兇狠圓軸蟹——正所謂「蟹」如其名，光聽這響叮噹的名號就夠嚇人了吧！沒錯，牠們確實非常好戰但也很上相，只要面對相機，就會踮腳舉臂，秀出雙螯比V的姿勢，還會適時定格，讓攝影師拍下兇猛英姿。

▼ 兇狠圓軸蟹是島上的角頭，甚至會直接殺到其他螃蟹的洞口堵人。

▲ 牠們相當好戰，經常找島上的招潮蟹和角眼沙蟹單挑。

▲ 兇狠圓軸蟹確實非常好戰但也很上相，只要面對相機，就會踮腳舉臂、秀出雙螯比 YA。

療癒小生物——招潮蟹

相較於好戰的兇狠圓軸蟹，角眼沙蟹跟招潮蟹就顯得和善而療癒。

招潮蟹是東沙島陸地上最可愛的小生物，分布於天然潟湖南岸的一小塊區域，在清晨或傍晚時分爬出洞口覓食。公招潮蟹與母招潮很好分辨——有一隻大螯者為公，反之則為母。

招潮蟹體型超小，必須近距離拍攝，因此拍攝技巧及手法就相當重要了。一般來說，除了要準備高倍數望遠鏡頭外，還要趴在沙灘上屏氣凝神等待，稍微有點動作都可能驚動牠們；你**必須維持同一姿勢、全然不動的狀態，招潮蟹會將你當成石頭**一般，才會慢慢爬出洞口……這一趟拍攝下來，絕對讓你滿身大汗。

▲ 拍攝招潮蟹需要高度的耐心和體力，拍攝一天下來，消耗的能量足以讓你回家多吃三碗飯。

▲ 招潮蟹是東沙島陸地上最可愛的小生物，公招潮蟹與母招潮蟹很好分辨——有一隻大螯者為公，反之則為母。

◀ 迪士尼中扮相可愛的「尼莫」，在現實中可是能為了護子而不顧一切。

母性爆發的小丑魚

介紹完陸上的療癒生物，接著當然要提到水中的療癒高手——小丑魚，又稱作海葵魚，牠和海葵之間有著密不可分的共生關係。帶有毒刺的海葵保護小丑魚不受其他魚類攻擊，小丑魚則以海葵消化後的殘渣當食物，並移除海葵身上的寄身物或壞死組織。

多數人可能不知道，外觀鮮豔討喜的小丑魚，其實很怕生，一遇有天敵接近，就會隱藏到海葵裡面，很難捕捉牠的身影。不過也有例外的，像北環礁外的這隻小丑魚很與眾不同，竟敢以小搏大，不停的從海葵中竄出來攻擊相機鏡頭，有可能是為了保護海葵中剛孵化的小丑魚吧？

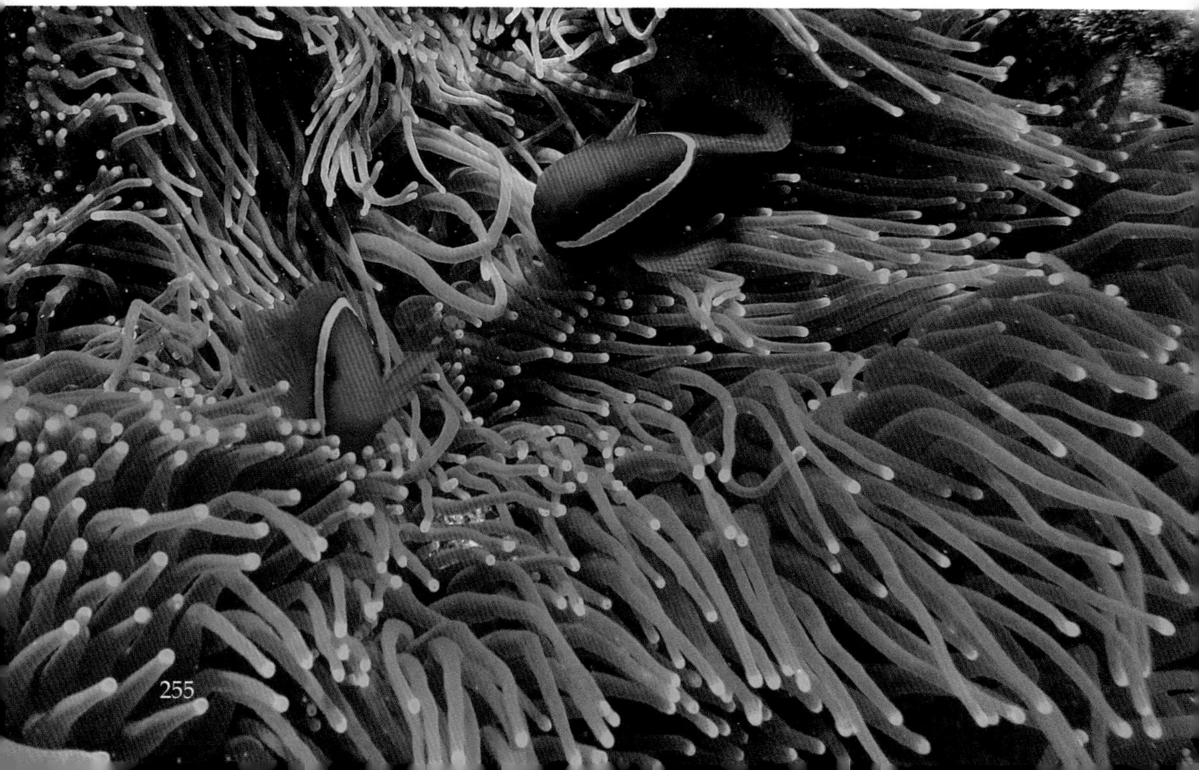

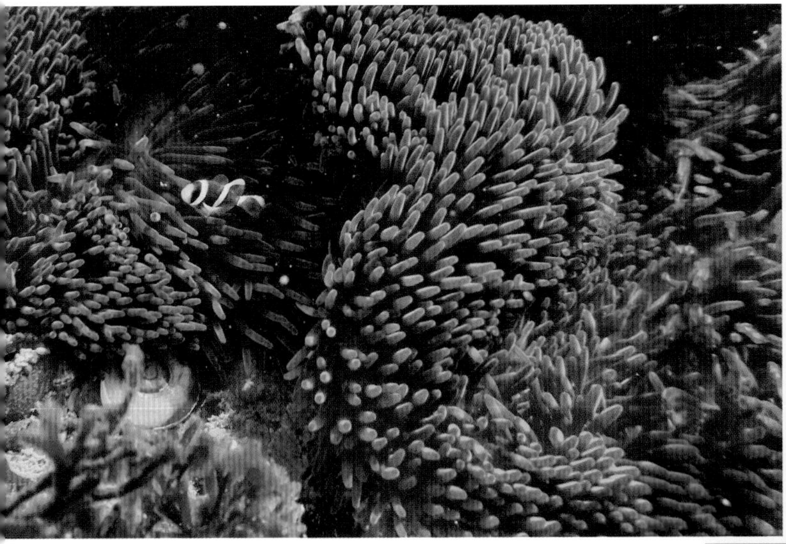

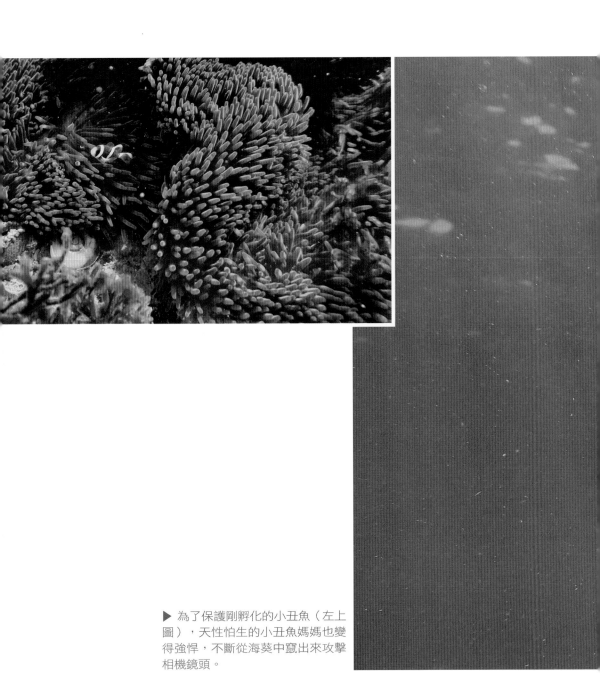

▶ 為了保護剛孵化的小丑魚（左上圖），天性怕生的小丑魚媽媽也變得強悍，不斷從海葵中竄出來攻擊相機鏡頭。

為了保護愛人不遺餘力——獅子魚

說到為了愛人不遺餘力，獅子魚和小丑魚比起來也不遑多讓，我在東沙島附近的海域中，就曾巧遇一條為了保護愛妃、氣勢萬鈞的獅子魚。

通常獅子魚棲息在珊瑚礁繁茂、清澈的熱帶水域中，具有強烈的領域觀念。儘管擁有美麗的形態、鮮豔的體色，宛如海中仙姬一般，但魚鰭棘含有神經性劇毒，千萬小心別任意玩弄牠。好幾年前，我就有位同事在執行登檢驅離任務時，不慎**遭獅子魚刺傷**，**被緊急送回臺灣就醫治療**。

那次在南環礁內，遇到一隻孔雀開屏般的獅子魚，無所畏懼的直直朝我游來；幸好早有耳聞牠的威名，趕緊退讓三分。

◀ 我還不想回臺灣。獅子魚雖然美麗卻不好惹，牠的魚鰭棘含有神經性劇毒，被刺到有可能危及生命。

7. 海上出任務，岸邊救生物

在東沙島駐守期間拯救過不少海龜，也算是為保育類動物略盡棉薄之力。牠們多數是被海上漂流的漁網、或是緊實成堆的海草所困住；對於獲救的海龜，我們在執行拍照及量測作業後，採就地野放入海的方式處理。

其中有隻海龜在獲救之後，態度非常配合，不吵也不鬧，我因此將牠取名叫「小乖」。將牠野放時還回眸看了我一眼，便不疾不徐的向大海游去。

▲ 在東沙島駐守期間拯救過不少海龜，小乖是我遇過最配合的一隻。

貪吃龜也懂得感恩

民國一〇五年四月初，我們從漂流的漁網中，拯救了另一隻小海龜，由於缺了左後肢，便交由海管處東沙管理站進行照料、研究。

起初，這隻海龜的個性火爆又絕食抗議，管理站人員便給牠起了個名字叫「小火山」。然而在研究人員的悉心照料下——他們特別下海採捕珊瑚草餵養，並從臺灣寄送新鮮花枝加菜——最後「小火山」成了一隻貪吃龜。六月，在五據沙灘野放「小火山」時，見牠也是一副依戀不捨的模樣。

▲ 小乖野放回大海時，回眸看了我們一眼後，便往大海深處游去。

▲ 小火山經過專人的細心照料，雖然缺了左後肢，仍幸福的回到海中。

珊瑚白化之海洋悲歌

二十世紀末期，聖嬰現象引起天候異變、海水溫度升高，東沙海域的珊瑚也發生大量白化與死亡的慘劇，尤其以環礁內的分枝狀軸孔珊瑚受害最深，至今環礁內海域的珊瑚仍未恢復原來的樣子。

所幸有海管處東沙管理站持續進行數年的復育工作，環礁海域的微孔珊瑚、鹿角珊瑚及蕈珊瑚的復原生長狀況良好，而原本數量較具優勢的軸孔珊瑚復原狀況較差，這個現象也顯示了，不同種類的珊瑚對溫度等不同限制因子耐受性的差異。推測可能是

▲ 礁內海域的珊瑚受天候異變影響，而死氣沉沉。

因為夏季，在環礁內海域的高水溫，仍持續威脅軸孔珊瑚新生小苗的生存。另外，颱風強大的破壞力，與本區域珊瑚幼苗的入添量原本就較少，也是環礁潟湖內的珊瑚復原不易的原因。

儘管如此，在充滿死寂的軸孔珊瑚上，有時也會發現光彩奪目的海葵或軟珊瑚，牠們強韌的生命力、不畏大自然氣候的變遷，持續創造著海洋的新生奇蹟。

期盼生活在福爾摩沙的海洋子民，是否也該盡己所能，停止做出任何會危害海洋的行為，讓海洋悲歌儘早畫下休止符。

▼ 內環礁軟珊瑚已重生，但軸孔珊瑚復原狀況不佳。

▶ 珊瑚復育後的狀況。

後會有期！我心中的南海明珠

對於東沙島的情感，是在駐守半年期間慢慢培養、形成的。就在下島的前一夜，我睡得並不安穩，是興奮於功成身退？抑或不捨於此情此景？坦白說，在那當下我也無法分辨了。

在一梯次為期半年所積累的「東沙景、同事情」，絕非三言兩語可道盡；多年來一起共事的情誼，可能都比兄弟姊妹還來得親！我想，離別是為了下次的相逢，時候到了就不該再依戀。下次上島，我仍將秉持島上標語的精神：「我們的決心，與陣地共存亡。」持續

▲ 若有機會再登島，我仍將秉持島上標語的精神：「我們的決心，與陣地共存亡。」持續為東沙海域的海防維護及海洋保育盡最大的心力。

為東沙海域的海防維護及海洋保育盡最大心力。

天性喜愛親近海洋的我，從事海巡工作多年，也到過許多海島國家旅行，包括馬來西亞狂野的沙巴、印尼浪漫的峇里島、泰國歡樂的普吉島、夢幻的帛琉，以及菲律賓原始的巴拉望……若與國際知名海島觀光聖地相比，我覺得東沙島所呈顯的是一種「寂靜小品之美」，可以讓人靜下心來，去觀察每時每刻、每日每月的星辰，與島上景物交織而成的微妙變化；也可以讓人放下心來，去感受、融入乍看似苦悶寂寥的事物，藉此暫時拋開俗世紛擾、偷得超然於天地的寧靜。

正所謂入了寶山，選擇空手而回？抑或滿載而歸？端看個人的造化了。

▲ 東沙島所呈現的是一種「寂靜小品之美」，可以讓人靜下心來，去觀察每時每刻、每日每月的星辰與島上景物交織而成的微妙變化；也可以讓人放下心來，去感受、融入乍看似苦悶寂寥的事物。

雨過天晴的型態。駐島人員還滿喜愛下雨的天氣，因為這麼一來就有「純淡水」可洗澡（島上的海水淡化機無法製造出純淡水）。只是千萬別在週四上午下雨，不然放假的人又要跳腳了。

島附近熱帶性海藻豐富，已知的珊瑚約有 300 種、海藻 120 種。另有甲殼、棘皮、軟體等無脊椎動物和魚類等，根據調查，珊瑚礁魚類超過 600 種，其中數種極為罕見。相較於海域生物，島上的生物種類較稀少。植物有林投樹、桑樹、麻風桐及野菠等，以蔓性爬藤植物及矮小灌木居多。動物以蝸牛、蟹、昆蟲、蜘蛛為主，多為稀有品種；鳥類約有 140 餘種，多屬候鳥，以鷸居多。民國 55 年，曾發現大量白腹鰹鳥的繁殖族群，遺留下來的鳥糞累積成磷礦，在日治時期已開採殆盡。

東沙島除了相關建設工程人員可透過申請上島，平時有中央研究院人員、中山大學海洋科學等相關系所學生上島做海底生態研究之外，一般民眾無法任意登島參訪。

但如果是大專院校學生，就有機會參加由教育部與國防部、海巡署合辦的「東、南沙生態體驗營活動」，親身體驗東、南沙之美！

Information Box｜三分鐘認識東沙島

在南海諸島中，東沙島是最早被開發的。東沙島及南沙太平島原本是由海軍陸戰隊擔當戍守的任務，直到民國 88 年 11 月提出「東沙、南沙太平島換防政策」，並經立法院三讀通過《海岸巡防草案》，海岸巡防署便在民國 89 年 2 月 1 日下午掛牌成立，正式接管東沙島與南沙太平島的巡防勤務。

此外，行政院核定東沙島、南沙太平島漁業資源豐富，極具發展潛力，於是在兩島行政管轄權不變的原則下，暫時委由高雄市政府代管，以便於積極開發。高雄市政府則依《高雄市區里域調整暨鄰編組辦法》第五條規定，將**東沙島列入旗津區中興里第 18 鄰**，兩座離島就此劃歸為高雄海巡隊轄區。

東沙島形狀似馬蹄，由珊瑚礁堆積而成，陸地面積約 1.74 平方公里，距離東北方的高雄港 240 浬、南方的太平島 640 浬、西南方的海南島 360 浬、西北方的香港 170 浬。由於**東沙環礁形狀像指環，東沙島就位在環礁之上，宛如鑲嵌在指環上的一顆珍珠**，因而有「南海明珠」之美稱。島中央有一座天然潟湖，其水面隨著海水潮汐漲退，加上四季光影變幻，呈現人間仙境般的美麗景致。

氣候與高雄相仿，東北風或西南風盛行時，島上會颳起強風，主要降雨集中在夏季低壓籠罩時，平常時節雨勢不大，多是下過就停或

結語

從二十年尋常的海上風光，用鏡頭篩出絕美瞬間

我從警大畢業後如期通過警察特考，依成績分發到高雄海巡隊服務；從此，「海」是我的辦公室，「外島」成了我的出差地。比起一般人，海巡人員有更多的時間與「海」及「外島」為伴，搭配著每日變化的日月及雲彩，在我心中它們無疑是最佳的攝影創作舞臺。其實這些**日復一日的海景風光，在多數同事眼中早已平淡無奇、索然無味**，但對我或許是日久生情，或許是潛藏的藝術魂作祟，總覺得這每時每刻變幻萬千的星辰日月、雲彩霞光，都值得靜心欣賞品嘗。

雖然有時因海象惡劣，讓人痛不欲生，後悔過往對海的一廂情願；有時卻又平滑如鏡，讓人想潛入悠游，慶幸能親睹這獨特景致；或許就是這顆抱持著熱情正向的赤子之心，望著每日獨一無二的風光，等待驚濤駭浪、淒風苦雨過後撥雲見日的海上春燕，才能持續在海上堅守，至今邁入第二十個年頭。

▼ 日復一日的海上風光，對我來說卻是看千遍也不膩的美景，
幸運的話還有機會遇到難得一見的耶穌光。

▲ 有時因海象惡劣，讓人痛不欲生，後悔過往對海的一廂情願。

▲ 有時卻又平滑如鏡，讓人想潛入悠游，慶幸能親睹這獨特景致。

孩提時期最厭惡假期，考上交大卻寧願進警大

說起來，我之所以能捕捉到東南沙不為人知的美，全是拜工作所賜。至於我為何捨棄闖蕩各行業的機會而擔任公職，又怎會有這機緣任職於海巡署，而後有幸登上被國人遺忘的淨土，這就要從童年的家庭背景說起。

我出生於嘉義市一個家境不算富裕，但平凡和樂的家庭，在五個小孩中我排行老么，父親（已歿）為大榮貨運公司的搬運工，母親則於住家騎樓下賣早餐、豆漿；賺錢謀生在我家並非大人的專利。

在國中、小學時期，須每日五點早起，騎單車至五公里遠的饅頭供應商備貨，遇假日及寒暑假，則跟著兄姊到鄰近工廠打工貼補家用。所以不同於一般小孩，假日一直是我童年時期的夢魘；但也因此在國小四年級那年，被同班同學的母親提報國際獅子會的模範兒童。

記得領獎那天，還是三姊騎著單車，幫我把大大的木框匾額載回

▲ 國小時與哥哥至工廠打工後，回家拍下的照片，至今母親看到還會落淚。

家，看著那些有著豐功偉業、功績赫赫的模範生，不僅穿著體面，又有家長全程陪同照相，內心百感交集，滿是羨慕及妒嫉。

除了小學在校成績名列前茅，參加校內的書法比賽，也多半能擠入領獎之列，小四時畫了張花盆水彩畫，亦曾獲得嘉義市市政府水彩佳作優績。生活在這經濟勉強度日的家庭，實在是沒有閒錢及空暇，去特別琢磨繪畫及書法才藝，獲獎若非偶然，應是與生俱來對平面美學有著天生之敏感度及愛好吧。

國中時期每學期全校前三名的私校獎學金之爭，及高中時期為求擠進國立大學之門，都讓我的求學生涯每日處在寒窗苦讀、晦暗無光的狀態，一顆追求藝術美及崇尚大自然之心，就一直被壓抑在內心深處。到了大學聯考前夕，母親依然文攻武嚇的使出高壓技倆，威脅我非上國立大學不可，在擔心聯招沒考好之際，跟了幾位同學額外報名了警官學校（現警察大學）的獨立招生，盤算著若國立大學落榜，至少還有警官學校當墊背（其實當時警官學校錄取率也只有一％左右）。

▲ 同時錄取交大與警大，經過一番天人交戰後，還是選擇至警大報到。

大學聯招放榜後，當我還沉浸在考上交大管理科學的喜悅中，憧憬著大學多采多姿的校園生活時，警大錄取榜單也寄來了，真是晴天霹靂，我竟也錄取了水上警察學系。此後與老媽的天人交戰可想而知，這情節就不用再多說了，最終我還是臣服於老媽，半推半就的赴警大報到。

當然，最終選擇就讀警大，也不能完全說是被老媽所逼，考量警大生不僅不用繳學雜費，每月又發放零用金，應能稍解家中經濟壓力；再者，童年及青少年時期不堪回首的求學經歷，早已在我心中劃出一道傷痕，自知不是塊讀書的料，若能如期完成警大四年學業並考上特考，就可脫離學生苦海，主宰自己的經濟及生涯，說實在也是相當誘人。

別人為前途紛紛轉系，我只想與大海為伍留守水上系

警大水上警察學系到底在學些什麼，老實說，入學前我也丈二金剛摸不著頭腦，但聽到即將畢業的學長提到：「在校每

▲ 大學時期經常策畫各種活動，儼然成為系上的地下康樂股長。

天須晨泳，畢業後可駕船遨遊海際」這兩點，就夠吸引人了，因此，當其他水上系正取生紛紛轉往他系，或選擇放棄警大至一般大學院校就讀時，我是唯一堅持初衷，繼續留在水上系的。

或許，是高中前求學階段長久課業壓抑，以及假日打工的痛苦經歷，進入警大後每逢假日，便像隻脫韁野馬，一股腦兒的往郊外奔馳，享受遊山玩水的逍遙；無論是獨自的祕境探險、連假前的室友機車集結環島，抑或與長庚護校及國北師的女學生組聯誼，幾乎都由我號召策劃，儼然成了系上的地下康樂股長。

幾次出遊後，發覺相片是日記的延伸；看著相片，時光如同電影回播般倒流，總能讓人重溫過往的歡樂情景；而相機等級又直接影響相片之質感，因此只要一有機會，就會跟手頭較為寬裕的同學借單眼把玩，一直到了大三後存足了錢，才真正入手第一台膠卷機械單眼相機尼康（Nikon）FM10，同時在同為攝影愛好的室友引領下，掉入了這奧妙又令人無法自拔的攝影深淵中。

島上的空白生活，我用攝影填上色彩

後來順利從警大畢業，並進入海巡署工作，因工作之需，經常要至各所屬管轄海域巡邏或支援其他海巡隊，有時也需要派駐離島。在離島駐守說好聽一點是度假，說難聽就像在坐水牢，無論是到人煙稍多的金門、馬祖、澎湖，還是只有原始自然景色的東沙群島、太平島等離島，總是沒有在臺灣本島時方便，因此就像當兵抽到外島籤一樣，多數人避之唯恐不及。

尤其是派駐東南沙地區，不只一次聽其他同仁分享天氣太熱、伙食太差、島上生活無趣，或有告誡如航程海象惡劣、運補船上環境及空間不甚理想等。的確，在外島戍守「苦」字難免，斷了凡間的七情六欲：食欲、物欲、網欲、情欲、性欲，嗜好欲，往往讓人鬱鬱寡歡、作繭自縛，把自己封閉了起來；但若能轉念，藉此機會返璞歸真的回歸簡單生活，體驗並接納這了無牽掛、不為俗事所紛擾的日子，不也是多數人終其一生所追求的極簡生活嗎？

拜這單純的生活步調所賜，在勤於之際，我才得以忙裡偷閒、卸下武裝，揹上相機來記錄島上的風光，而藉由眼前一幕幕美景，也讓我緩解了不少思鄉之情。

▲ 太平島的生活規律，在勤餘時也會輕鬆愜意的逐浪踏砂。

▲ 島上的步調單純，勤餘時多數是在夕陽餘暉下，繞著機場跑道跑步健身，偶爾也會約同事上演剪影秀。

不問紛爭的淨土，你所不知的東南沙

但如此美景只能獨享，實在有些遺憾。所幸高雄郵政總局及《聯合報》，得知我在駐守太平島的半年期間，用相機真實記錄了太平島美麗風貌，以島上風光製作賀卡，並進一步登上平面媒體版面，讓更多人能一睹太平島神祕的風貌，同時也藉此喚醒國人重視島上生態保育工作。

隨後，在民國一〇五年十二月十二日，適逢收復太平島等南海諸島的七十週年，內政部與國史館合辦「經略南海．永保太平——收復南海諸島七十週年紀念特展」，其中展出的多數珍貴相片，便是出自我在太平島駐守期間所拍攝記錄的。

而這次出版這本書的宗旨，也是秉

▲ 民國 105 年 8 月 21 日《聯合報》頭版報導太平島如夢似幻的迷人景色。

▲ 受邀出席太平島收復 70 週年紀念特展。

持著行政中立的立場，希望大家能拋開政治紛爭及各種爭議，單純的欣賞這個猶如仙境、與我們如此接近又陌生的人間淨土——東南沙。

▲ 高雄郵政總局以太平島風景照製作賀卡。

▲ 在勤餘之際，我才得以忙裡偷閒，揹上相機，來記錄島上的風光。

Style 023

被遺忘的國境，太平島

從日出到日落，從東沙到南沙，海巡分隊長侯建安帶你一窺國際紛爭中，被臺灣人遺忘的美麗淨土

作　　者／侯建安
採訪撰文／連秋香
校對編輯／王怡婷
美術編輯／邱筑萱
主　　編／賀鈺婷
副總編輯／顏惠君
總 編 輯／吳依瑋
發 行 人／徐仲秋
會　　計／林妙燕
版權主任／林螢瑄
版權經理／郝麗珍
行銷企畫／汪家緯
業務助理／馬絮盈、林芝縈
業務專員／陳建昌
業務經理／林裕安
總 經 理／陳絜吾

國家圖書館出版品預行編目(CIP)資料

被遺忘的國境，太平島：從日出到日落，從東沙到南沙，海巡分隊長侯建安帶你一窺國際紛爭中，被臺灣人遺忘的美麗淨土／侯建安著；連秋香採訪撰文. -- 臺北市：大是文化，2017.07
288面；17×23公分. --（Styl；23）
ISBN 978-986-94580-8-5（精裝）

1.人文地理　2.照片集　3.太平島

733.9/131.9/119.4　　106006406

出 版 者／大是文化有限公司
臺北市衡陽路 7 號 8 樓
編輯部電話：（02）23757911
購書相關資訊請洽：（02）23757911 分機122
24小時讀者服務傳真：（02）23756999
讀者服務E-mail：haom@ms28.hinet.net
郵政劃撥帳號 19983366　戶名／大是文化有限公司

香港發行／里人文化事業有限公司 “Anyone Cultural Enterprise Ltd”
地址：香港荃灣橫龍街 78 號正好工業大廈 22 樓 A 室
22/F Block A, Jing Ho Industrial Building, 78 Wang Lung Street,
Tsuen Wan, N.T., H.K.
電話：（852）24192288
傳真：（852）24191887
E-mail：anyone@biznetvigator.com

封面設計／孫永芳
內頁排版／顏麟驊
印　　刷／緯峰印刷股份有限公司
出版日期／2017 年 7 月
定　　價／新臺幣 499 元
I S B N　978-986-94580-8-5